Hans-Ludwig Krechel (Hrsg.)
Yasemin Effenberger
Sarah Krippner

Sprachmittlung in Französisch Oberstufe

Materialien und Tipps zur Vorbereitung der Prüfung

Cornelsen

Der Herausgeber / Die Autorinnen:
Dr. Hans-Ludwig Krechel ist Kernseminarleiter und Fachleiter für Französisch am Zentrum für schulpraktische Lehrerausbildung Bonn, hat langjährige Erfahrungen mit Französisch- und Erdkundeunterricht (bilingual) am Gymnasium Kreuzgasse Köln und ist Lehrerfortbildner und Lehrplanverfasser.
Sarah Krippner unterrichtet Französisch und Sport an einem Gymnasium in Bad Münstereifel.
Yasemin Effenberger ist Lehrerin für Französisch und Englisch an einem Gymnasium in Bonn.

Projektleitung: Gabriele Teubner-Nicolai, Berlin
Redaktion: Anja Sieber, Hamburg
Korrektorat Französisch: Béatrice De March, Berlin
Smiley für Umschlag und Innenteil: Shutterstock/Petrovic Igor
Umschlaggestaltung: Corinna Babylon, Berlin
Layout/technische Umsetzung: LemmeDESIGN, Berlin

www.cornelsen.de

1. Auflage 2017

Druck: H. Heenemann, Berlin

ISBN 978-3-589-15315-2

PEFC
PEFC/04-31-1156

PEFC zertifiziert
Dieses Produkt stammt aus nachhaltig bewirtschafteten Wäldern und kontrollierten Quellen.
www.pefc.de

Inhaltsverzeichnis

3 Testez vos compétences – Leistungsaufgaben

Vorwort

Die Sprachmittlung ist als „neue" funktionale kommunikative Kompetenz im „Gemeinsamen Europäischen Referenzrahmen für Sprachen" und in den Kernlehrplänen der Bundesländer verankert und heute im Französischunterricht fest etabliert. Dabei ist Sprachmittlung der Oberbegriff für verschiedene Formen der schriftlichen und mündlichen Übertragung von einer Sprache in die andere, also vom Deutschen ins Französische und umgekehrt, aber auch von einer Fremdsprache in die andere. Dabei geht es nicht um eine wortwörtliche Übersetzung, sondern um die freie, adressaten- und sinngemäße Sprachmittlung von Inhalten aus einer Sprache in eine andere. Sprachmittler sehen sich als Partner zwischen Gesprächspartnern, die einander nicht direkt verstehen können. Insofern dient Sprachmitteln dem Sichern der Kommunikation sowie dem Aufrechterhalten der Handlungsfähigkeit der Beteiligten.

Im Französischunterricht der Sekundarstufe II (Französisch als fortgeführte Fremdsprache) geht es vor allem darum, die vorher erworbenen Sprachmittlungskompetenzen zu konsolidieren bzw. zu vertiefen und zu erweitern. Sprachmittlungsaufgaben können in dieser Lernstufe Bestandteil von Klausuren und der Abiturprüfung sein. Hier ist die Sprachmittlung vor allem vom Deutschen ins Französische mit anderen Kompetenzen wie Lese- und Hörversehen, Sprechen und Schreiben verknüpft. Dabei stellt die Sprachmittlung besondere Anforderungen an die Schülerinnen und Schüler, wie gründliches Verständnis des Ausgangstextes, Erkennen der Kommunikationszwecks des Textes, Unterscheidung der Qualität der verschiedenen Informationen, Reduzieren der Informationen auf den Kerngehalt, situations- und adressatengerechte Zusammenfassung der Informationen sowie die Vereinfachung und Paraphrasierung sprachlicher Strukturen und komplexer Wendungen im Ausgangstext.

Das vorliegende Heft kann lehrwerkunabhängig eingesetzt werden. Es richtet sich an Schülerinnen und Schüler des Französischunterrichts der Oberstufe (Französisch als fortgeführte Fremdsprache). Es kann im Unterricht, aber auch zum Selbststudium und bei der Nachhilfe eingesetzt werden. Es wurde beachtet, dass die Ausgangstexte für Sprachmittlung Sach- und Gebrauchstexte sind. Zudem wurde Wert darauf gelegt, dass die Situationen und der Adressatenbezug bei den Aufgabenstellungen klar und authentisch sind und im Zusammenhang stehen mit den für die Oberstufe in den Bundesländern relevanten Themen. In **Teil 1 Évaluez vos compétences** werden die früher erworbenen Teilkompetenzen der Schülerinnen und Schüler überprüft und Stärken und Schwächen deutlich. Im **Teil 2 Entraînez-vous** wird auf die systematische Verbesserung, die Einübung von Teilkompetenzen und die Bewältigung bestimmter Schwierigkeiten fokussiert:

- Selektion der Informationen aus Texten,
- Paraphrasierungs- und Vereinfachungsstrategien von verwendeten Wörtern, Ausdrücken, *faux-amis* und Redewendungen, ferner
- der Einsatz von adäquaten Arbeitstechniken in konkreten typischen Anwendungssituationen.

Im **Teil 3 Testez vos compétences** werden die erworbenen bzw. verbesserten Teilkompetenzen in üblichen Formaten der Leistungsüberprüfung nochmals evaluiert. Zum Schluss stehen beispielhafte Lösungen für die gestellten Aufgaben. Die Höraufgaben können Sie per QR-Code erschließen. Die dazugehörigen transkribierten Texte finden Sie auf unserer Webseite www.cornelsen.de. Geben Sie hierfür die ISBN-Nummer Ihres Titels im **Suchfeld** ein und klicken Sie dann auf **Details.**

Möge das vorliegende Heft dazu beitragen, Schülerinnen und Schüler auf die Anforderungen der Oberstufe und der Leistungsüberprüfungen und Abiturprüfungen angemessen vorzubereiten und die unterrichtliche Arbeit für Schülerinnen und Schüler wie für Lehrerinnen und Lehrer zu bereichern.

Hans-Ludwig Krechel

1

Évaluez vos compétences – Selbsteinschätzungsaufgaben

1.1 Viel Neugier und auch ein bisschen Angst

DOCUMENT

Viel Neugier und auch ein bisschen Angst

Annette Kuhn, Helena Dolderer, Tilmann Waffenschmidt

24. April 2016

Berliner Abiturienten erzählen, was sie machen wollen, wenn sie ihr Abizeugnis in der Hand haben.

„Neben der Abivorbereitung muss ich jetzt möglichst viel Geld verdienen", erklärt Johanna, denn ab Herbst will sie eine halbe Weltreise machen. Weitgehend wird sie die selbst finanzieren. Erst plant die Abiturientin aus Friedenau, die gerade volljährig geworden ist, nach dem Sommer für drei Monate nach Costa Rica zu fahren, um dort auf einer ökologischen Farm zu arbeiten, danach möchte sie nach Asien. Den Einsatz in Costa Rica hat sie über eine Agentur organisiert, die Flüge sind schon gebucht. Nach Asien geht es dann auf eigene Faust weiter. Es gibt Momente, da verlässt sie kurz der Mut, „zum Beispiel wenn ich mir vorstelle, ich komme an irgendeinem Flughafen an, wo keiner Englisch spricht und ich muss einen bestimmten Bus nehmen und finde ihn nicht." Aber letztlich ist die Neugier doch größer und allein ins Ausland gereist ist sie schließlich auch schon.

Bis Mai kommenden Jahres will sie unterwegs sein und sich danach um einen Studienplatz kümmern. Aber das ist im Moment weit weg für sie und beim Fach ist sie sich auch noch nicht sicher: „Erst mal will ich mich breit aufstellen, mit Bio oder Geografie, und danach erst spezialisieren, vielleicht in Richtung soziale Projekte." Sie interessiert sich für so vieles, da fällt es ihr schwer, sich festzulegen. Eines weiß sie aber schon: „Ich liebe Berlin über alles, darum will ich unbedingt hier studieren."

„Ich habe mich für ein sechsmonatiges freiwilliges soziales Jahr im Humboldt-Krankenhaus in Berlin beworben", erzählt Sebastian (18). „Alternativ habe ich auch ein Bewerbungsgespräch beim Deutschen Roten Kreuz." Damit will er sich auf sein zukünftiges Studium vorbereiten. Ein FSJ hält er dabei für eine super Sache.

Der Abiturient will nach dem FSJ Medizin studieren. Den Wunsch hat er schon seit etwa drei Jahren. Mit seinem Abischnitt wird er aber wohl nicht den Numerus Clausus erfüllen. Der liegt in Berlin bei 1,0. In Berlin rechnet er daher nicht mit einem Studienplatz. Eine Möglichkeit wäre ein Platz in Brandenburg. Plan B ist ein Biotechnologiestudium an der Technischen Universität, und auch Bio und Mathe auf Lehramt kommt für ihn in Frage.

Bevor es losgeht, freut sich Sebastian aber jetzt erst einmal auf ein Jahr Pause vom Lernen. „Beim FSJ bekomme ich einen ersten Eindruck vom Beruf, bin aber gleichzeitig noch nicht an Studium oder Ausbildung gebunden." Für ihn ist die Zeit vor allem eine Orientierung. Danach sind ein paar Wochen in Neuseeland geplant. Mit zwei Freunden will er dort Work and Travel machen. Sein Tipp für künftige Abiturienten: sich rechtzeitig um Möglichkeiten kümmern und auf jeden Fall ein Jahr Zeit nehmen. Zum Orientieren, Energie schöpfen und die Welt sehen. „Wann ist man schon so ungebunden an Schule oder Job wie nach dem Abi?"

Quelle: Berliner Morgenpost http://www.morgenpost.de/berlin/article207454277/Viel-Neugier-und-auch-ein-bisschen-Angst.html (aufgerufen am 10.11.2016)

TÂCHE

Votre copain/copine français/française ne sait pas ce qu'il/elle veut faire après le bac. La seule information qu'il/elle vous a donnée est qu'il/elle ne veut pas commencer ses études tout de suite. Comme vous avez trouvé l'article ci-dessus dans le journal « Berliner Morgenpost », vous voulez lui présenter dans un courriel les projets de deux élèves de terminale pour lui donner un aperçu. Trois de vos copains ont déjà écrit un courriel. En évaluant les différents aspects décrits dans l'article, décidez quelle est la meilleure solution (voir p. 55).

ÉVALUEZ VOS COMPÉTENCES

Fiche d'évaluation	**Solutions**		
Comparez les solutions, choisissez la meilleure et cochez si le critère est respecté.	**1**	**2**	**3**
La perspective du destinataire a-t-elle été respectée ? Le destinataire est un/une copain/copine français/française. L'information selon laquelle le copain/la copine ne sait pas quoi faire après le bac et ne veut pas faire d'études tout de suite a été prise en considération. La forme du texte est celle d'un courriel.			
Les informations les plus importantes ont-elles été résumées ? Johanna : ● elle travaille pendant la phase de préparation du bac ● elle veut faire le tour du monde ● d'abord, elle veut aller au Costa Rica pour travailler dans une ferme écologique ● après, elle veut aller en Asie ● après son retour, elle veut faire des études de biologie ou de géographie à Berlin Sebastian : ● il voudrait faire une année de volontariat social dans un hôpital à Berlin ● après cette année, il veut commencer des études de médecine ● l'année de volontariat social lui donnera une première impression du métier ● en même temps il pourra mettre à profit la période d'attente jusqu'à son admission à l'université (parce que son numerus clausus n'est pas suffisant) ● en plus, il veut voyager pour reprendre de l'énergie			
La forme et les règles d'un courriel ont-elles été respectées ? Le courriel comporte une formule d'appel. Le courriel comporte la formule d'usage qui consiste à demander au destinataire s'il va bien. Le courriel comporte une formule finale.			
Coche la meilleure solution.			

1.2 Bain de foule pour Hollande et Merkel

DOCUMENT

Bain de foule pour Hollande et Merkel

REIMS (MARNE)
DE NOTRE ENVOYE SPECIAL ÉRIC HACQUEMAND

Réconciliation pluvieuse, réconciliation heureuse ? C'est entre les gouttes qu'hier matin, sur le parvis de la cathédrale de Reims, là ou il y a cinquante ans, le 8 juillet 1962, le général de Gaulle et le chancelier Konrad Adenauer avaient scellé la réconciliation franco-allemande, que François Hollande et Angela Merkel ont lancé un plaidoyer pour approfondir l'amitié entre les deux pays. A leur arrivée, les deux dirigeants ont un objectif commun : atténuer les bruits de vaisselle cassée qui ont perturbé le couple franco-allemand lors des négociations sur la sortie de crise en Europe … Et, en fait, depuis l'entrée du socialiste à l'Elysée.

Dans le journal «Marianne» samedi, Hollande, accusé par l'UMP d'avoir mis à mal la relation franco-allemande, a tordu le coup aux rumeurs : «Contrairement à ce qui est dit, nos rapports ne sont pas mauvais», affirme-t-il. Un soin tout particulier a donc été mis hier pour mettre en scène l'amitié Hollande-Merkel. Après une revue des groupes et le dévoilement d'une plaque commémorative, la chancelière et le président s'engouffrent dans la majestueuse cathédrale qui résonne aux sons de «la Passion selon saint Jean», de Bach. «Aucune force obscure et encore moins la bêtise, qui prête souvent son concours, ne pourra altérer le mouvement profond de l'amitié franco-allemande», explique François Hollande dans son discours, en allusion à la profanation de tombes de soldats allemands dans les Ardennes (voir ci-dessous). Le chef de l'Etat propose de «franchir ensemble une nouvelle porte» dans les relations franco-allemandes, en approfondissant notamment le traité de l'Elysée qui, depuis 1963, codifie les liens entre les deux pays.

Il ne refuse aucune bise alors qu'elle est plus dans la retenue

La chancelière préfère, quant à elle, insister sur la crise de l'euro. «Si nous restons unis, nous pourrons relever tous les défis», lance-t-elle en appelant à «parachever au niveau politique l'Union économique et monétaire». Un discours qui se conclut par une bise. Moins solennel qu'en 1984, à Verdun, avec la désormais célèbre poignée de main entre Helmut Kohl et François Mitterrand.

Puis, place au bain de foule commun qui oppose deux styles. Alors que Hollande ne refuse aucune bise, l'Allemande est, elle, un peu plus sur la retenue. Elle n'a d'ailleurs rien en main pour signer les autographes : du coup, c'est un stylo prêté par notre journal qui la sort de l'embarras … sous l'œil amusé de Hollande. Lequel multiplie les autographes, signant même … un chèque en blanc du Crédit agricole tendu par une Rémoise. «Was? … Nein!» (Quoi? … Non!) refuse la chancelière, un peu interloquée, quand vient son tour de signer. «Les Allemands ont du mal à faire des chèques en ce moment», plaisante-t-on dans la foule.

Merkel et Hollande sont de nouveau côte à côte durant un déjeuner qualifié par la maire, Adeline Hazan, de «très chaleureux». Le saumon à la rémoise a remplacé le saumon à la parisienne de 1962, et le champagne, un Dom Pérignon cuvée 2003, met tout le monde d'accord. Même si la chancelière s'est plutôt montré, selon un participant «friande du fromage affiné français». Finalement, Angela Merkel est repartie de Reims avec une heure de retard, prenant même le temps de rencontrer l'arrière-petite-fille du général de Gaulle. Un dernier symbole de réconciliation …

Quelle: http://www.leparisien.fr/espace-premium/actu/bain-de-foule-pour-hollande-et-merkel-09-07-2012-2082764.php, Le Parisien, 09 juillet 2012, 7h00 (aufgerufen am 10.11.2016)
Bain de foule pour Hollande et Merkel - 09/07/2012 - © Eric Hacquemand / Le Parisien

TÂCHE

Pendant les vacances tu trouves l'article ci-dessus dans un journal. Résume les informations les plus importantes et explique l'importance de l'événement dont parle le texte dans une lettre adressée à un ami allemand qui ne parle pas le français et n'a que peu de connaissances des relations franco-allemandes.

ÉVALUE TES COMPÉTENCES

Questions	Oui	Non
As-tu résumé les informations les plus importantes ? • Vor 50 Jahren haben de Gaulle und Adenauer die deutsch-französische Freundschaft in Reims besiegelt. • Die heutige Erinnerungs-Zeremonie fand ebenfalls in der Kathedrale von Reims statt. Es erklang die Johannes-Passion von J. S. Bach. • Hollande und Merkel haben ihren Willen bekräftigt , die deutsch-französische Freundschaft weiter zu vertiefen. • Hollande versichert, dass die Beziehungen heute nicht so schlecht sind, wie einige äußern; er erwähnt die Schändungen von Gräbern deutscher Soldaten in den Ardennen. • Merkel spricht von der Krise des Euro und ruft auf, die europäische Wirtschafts- und Währungsunion weiter zu vollenden. • Nach der Zeremonie nehmen beide ein Bad in der Menge. Dabei ist Merkel reservierter als Hollande, der keine Umarmung scheut. Hollande gibt Autogramme, Merkel erst, als sie einen Stift von einem Journalisten der Zeitung erhält. Beide unterzeichnen einen Scheck. • Danach nehmen beide an einem gemeinsamen Abendessen mit typischen französischen Spezialitäten bei der Bürgermeisterin von Reims teil. • Die Abreise verzögert sich: Merkel begegnet symbolträchtig einer Urenkelin von de Gaulle.		
As-tu compris le sens des mots-clés et as-tu trouvé les termes équivalents en allemand ? • La réconciliation franco-allemande • Aux sons de la « passion de Saint Jean » de Bach • Le dévoilement d'une plaque commémorative • La profanation de tombes de soldats allemands • Approfondir le traité de l'Élysée • Parachever au niveau politique l'Union économique et monétaire • Le bain de foule		
As-tu tenu compte du fait que ton ami n'a que peu de connaissances des relations franco-allemandes ? • Lui as-tu expliqué l'importance du traité franco-allemand et le rôle de de Gaulle et d'Adenauer ? • Lui as-tu décrit le développement des relations franco-allemandes des dernières années ?		
As-tu respecté la forme et les règles d'une lettre en allemand ? • La formule d'appel • Un style pas trop compliqué • Des exemples • La formule finale		

1.3 Weltreise im Wartesemester

DOCUMENT

WELTREISE IM WARTESEMESTER

Weltreisen liegen im Trend. War es vor 100 Jahren nur den richtig Reichen vorenthalten, die ganze Welt zu bereisen, ist der Trip um den Globus heute zum lukrativen Geschäftszweig von Reisebüros geworden. Wenn du ohnehin eine längere Zeit im Ausland verbringen wolltest, sind die vor dir liegenden Wartesemester wohl der ideale Zeitraum dazu. Obwohl es heute natürlich unmöglich ist, noch weiße Flecken auf der Landkarte zu entdecken, verspricht die Reise in dir bisher unbekannte Winkel der Welt eine Menge Abenteuer und Nervenkitzel. Vielleicht trägt dieser Trip auch ein Stück zu deiner Selbstfindung bei. In jedem Fall ist eine Weltreise die Gelegenheit, wohl einzigartige Erfahrungen für den Rest deines Lebens zu machen. […]

Planungen für die Weltreise im Wartesemester

Zu den wichtigsten Faktoren, die dir in deine Reiseplanungen hineinspielen können, zählen z. B.

- Wetterbedingungen und Klima
- die Sicherheitslage in den Zielländern
- die möglichen Verkehrsverbindungen zwischen Regionen

Das kostet deine Weltreise

Vor allem aber bestimmt dein Budget, wohin es geht und wie lange du wegbleibst. Daher gilt (nicht nur) für die (finanzielle Seite der) Organisation: Je mehr Vorlauf du hast, desto gewissenhafter kannst du deine Weltreise planen. Mach dir so früh wie möglich klar, was während deines Wartesemester-Trips um die Welt an Kosten auf dich zukommt. Für die Übersicht empfiehlt sich folgende Einteilung:

- Feste Kosten: Dazu zählen einmalige, erwartbare Ausgaben wie Visagebühren, Literatur für die Reiseplanung oder Kosten für geplante Unternehmungen (Besichtigungen, Sprachkurs, Tauchlehrgang, Safari etc.), aber auch Einlagerung von Möbeln, Um- und Auszugskosten (Renovierung etc.).
- Laufende Kosten: In diese Kategorie fallen Gelder, die während deiner Weltreise immer wieder auftauchen bzw. auch in deiner Abwesenheit weiterlaufen: z. B. Impfungen, Körperpflege, Telefon/Internet, Vereinsbeiträge, Krankenversicherung, Kredite, Abhebe-Gebühren an internationalen Geldautomaten.
- Direkte Reisekosten: Und dann gibt es noch die Dinge, die du nicht minutiös planen kannst, weil sie auf deiner Weltreise einfach „passieren". Dazu zählen zum Beispiel Tickets für Flüge, Züge und Schiffe und Taxifahrten vor Ort.

Spartipps für das Wartesemester:

Die Kosten für deine Wartesemester-Abenteuer kannst du also schon einmal überschlagen. Du weißt noch nicht, wie du diese Summe auftreiben sollst? Die Antwort ist relativ einfach: Nicht mehr verdienen, sondern weniger ausgeben. Daher haben wir hier ein paar Spartipps für dich:

Schaff dir eine Spardose an

Wir geben jeden Tag so viel Geld für Kleinigkeiten, die das Leben im Augenblick zwar angenehmer machen, aber langfristig unnötig sind. Auch, wenn sie nicht viel kosten:

Spar dir dieses Kleingeld für deine Weltreise

[…]

Eröffne ein Reisekonto
Die Erträge aus allen Sparaktionen wandern auf ein spezielles Reisekonto. Wichtig: Kostenlos sollte es sein. Schließlich soll sich dein Budget nicht dezimieren, während du im Wartesemester um die Welt reist.

Überprüf laufende Verträge
Sieh deine Kontoauszüge durch. Gibt es vielleicht günstigere Mobilfunkverträge? Zahlst du für die Muckibude, obwohl du gar nicht mehr hingehst? Alles, was du dabei einsparst, landet als Dauerauftrag auf deinem Reisekonto. […]

Quelle: http://www.nach-dem-abitur.de/wartesemester-weltreise.html (aufgerufen am 10.11.2016)

TÂCHE

Tu ne sais pas encore ce que tu veux faire après le bac. Tu aimerais bien faire le tour du monde avec ton correspondant français ! Ce soir tu vas skyper avec ton correspondant français et lui parler du site Internet *www.nach-dem-abitur.de.*

1 Résume les informations les plus importantes à ton correspondant français qui ne parle pas allemand et n'a jamais voyagé hors de l'Europe.

2 Appelle ton ami sur Skype pour lui parler de ce site Internet.

ÉVALUE TES COMPÉTENCES

Questions	Oui	Non
As-tu résumé les informations les plus importantes ? • faire le tour du monde, c'est possible pour tout le monde aujourd'hui • après le bac, le moment idéal pour faire le tour du monde: L'aventure – des petits frissons partout – la découverte de soi-même • Il faut bien planifier un tour du monde: le climat – la sécurité sur place – la desserte • il faut bien planifier les coûts directs / fixes (les frais de voyage) • des renseignements pour épargner de l'argent • fais une tirelire / ouvre un compte pour ton voyage • renseigne-toi sur la durée de tes contrats (portable, gym…)		
As-tu trouvé les mots-clés et leurs équivalents en français ou les as-tu paraphrasés ? • Weltreise • Wartesemester – Zeitraum • Selbstfindung/Nervenkitzel/Abenteuer • Reiseplanungen • feste/laufende/direkte Kosten • Spartipps		
As-tu tenu compte du fait que ton ami n'a jamais voyagé hors de l'Europe ? • fremde klimatische, kulturelle, religiöse und infrastrukturelle Bedingungen • Sicherheitslage		
As-tu respecté la forme et les règles d'un discours ? • As-tu compris le point de vue de ton correspondant français ? • As-tu répondu aux questions de ton correspondant français ? • As-tu utilisé un style simple et clair ? • As-tu employé des exemples ?		

Entraînez-vous – Lernaufgaben

A Systematischer Übungsteil

a Relevante Informationen darstellen

a1 Alpenüberquerung auf dem E5 – Von Oberstdorf nach Meran

DOCUMENT

TOP Alpenüberquerung auf dem E5 – Von Oberstdorf nach Meran

Quelle:
Outdooractive-Redaktion ›

★★★★★ (32) • Fernwanderweg • Allgäu

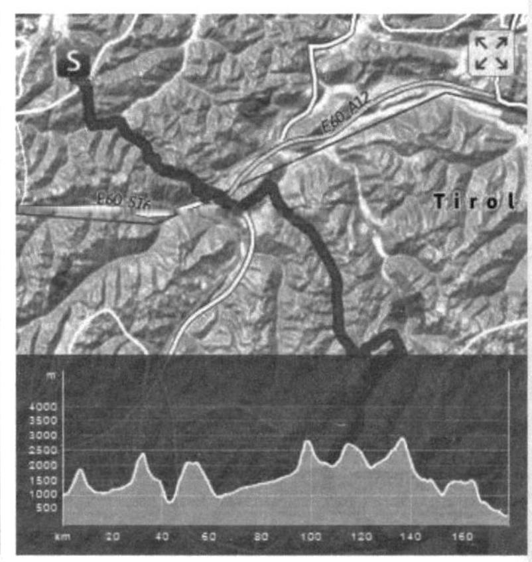

Die Tour | Details | Wegbeschreibung | Anreise | Literatur | Schutzgebiete

Die klassische Alpenüberquerung: 6 Tage Wandern auf dem E5 von Oberstdorf nach Meran durch die Allgäuer, die Lechtaler und die Ötztaler Alpen.

Allgäu: Beliebter Fernwanderweg

Schwierigkeit	mittel
Strecke	186,9 km
Dauer	36:00 Std.
Aufstieg	10.171 m
Abstieg	10.859 m

Für viele Wanderer ist die Überquerung des Alpenbogens ein lange gehegter Traum. Von Tal zu Tal und von Gipfel zu Gipfel geht es nicht nur beim Klassiker der Weitwanderwege von München nach Venedig, sondern auch beim E5. Die Alpenüberquerung führt in sechs Tagen entlang des bekanntesten und beliebtesten Abschnittes von Oberstdorf nach Meran. Die ersten vier Tage folgen wir dem „klassischen" E5, dann geht es in einer Variante davon bis nach Meran. Drei Länder werden in sechs Tagen durchwandert, die umgebende Bergwelt ändert sich nahezu stündlich. Wir bewundern schroffe Gipfel, idyllische Täler und gewaltige Schluchten. Innerhalb von nur einer Woche erlebt man hier fast alles, was die Alpen zu bieten haben.

[…] An der Bergstation der Seitenkar-Bahn erreichen wir schließlich mit 3 051 m den höchsten Punkt unserer Tour. Am Fuße des Similaun startet der letzte Abschnitt der Tour, die in der quirligen Stadt Meran in Südtirol ihr Ende findet.

Insgesamt legen wir bei dieser Tour 4 950 Höhenmeter im Aufstieg und 6 470 Höhenmeter im Abstieg zurück. Zu Fuß bewältigen wir 106 km. Von Wenns im Pitztal bietet es sich an, für den Weg nach Mittelberg (Ausgangspunkt für den Aufstieg zur Braunschweiger Hütte) den Postbus zu nehmen. Die Wanderung durch das Pitztal ist sicherlich erlebnisreich und lohnenswert, allerdings wäre hierfür ein zusätzlicher Tag einzuplanen.
Möglichkeiten zur Übernachtung und Verpflegung gibt es zahlreiche am Weg. Jedoch ist eine vorausschauende und rechtzeitige Planung anzuraten. Die Route ist gerade in den Sommermonaten sehr beliebt und es sind entsprechend viele geführte Gruppen unterwegs.
[...] Erforderlich ist eine durchschnittliche bis gute körperliche Verfassung, Kondition sowie Bergerfahrung. Technisch stellt die Route keine allzu großen Anforderungen: An manchen Stellen sind Trittsicherheit und Schwindelfreiheit gefragt, schwierige Stellen sind aber gesichert und ohne Probleme zu bewältigen.
[...] Da wir uns in alpinem Gelände bewegen, sollten wir jedoch stets auf Wetterumschwünge, Schneefall (auch in den Sommermonaten!), ausgesetzte Wegpassagen und kleinere Verletzungen vorbereitet sein. Die hier vorgestellte Route mit ihrem Ablauf ist eine Möglichkeit von vielen. Individuelle Abweichungen von den hier gemachten Angaben können natürlich jederzeit erfolgen. Auch Wetterumstürze o. ä. können eine Variation der hier beschriebenen Route erforderlich machen.

Julia Gebauer

TÂCHE

Lis le texte attentivement et sélectionne les informations qui seront utiles à un/e jeune Français(e) pour pouvoir traverser les Alpes à pied. Réponds aux questions ci-dessous.

TIPP

- Lest den Text gründlich und findet darin alle Informationen, die für den Adressaten in dieser Situation wichtig sind. Unterstreicht und markiert diese.
- Die wichtigsten Infos in diesem Text sind die, die Informationen über den Wanderweg und dazu Ratschläge geben.
- Berücksichtigt die kulturellen Unterschiede und erläutert diese, wenn sie für das Verstehen des Sachverhaltes wichtig sind.

Les informations suivantes sont-elles importantes ?	Oui	Non
• On peut traverser les Alpes d'Oberstdorf (en Allemagne) jusqu'à Merano (en Italie) en 6 jours et visiter 3 pays (l'Allemagne, l'Autriche et l'Italie).		
• Le panorama est très beau.		
• On fait 106 km à pied.		
• Merano est une ville dynamique.		
• Il y a beaucoup de possibilités d'hébergement, mais il est préférable de réserver à l'avance, car en été il y a beaucoup de monde.		
• Il y a beaucoup de bons restaurants.		
• Il faut être en forme et avoir une certaine expérience de l'alpinisme pour pouvoir faire la traversée.		
• Il faut bien s'informer avant et pendant la traversée !		

a2 Quelques idées pour un premier week-end à Paris

DOCUMENT

La Tour Eiffel, Notre-Dame, les Champs-Elysées … les incontournables de Paris sont nombreux et merveilleux.

Bienvenue à Paris ! La capitale regorge de lieux et d'activités absolument incontournables, à découvrir sans plus tarder si vous organisez votre première visite à Paris. Ce séjour s'annonce particulièrement magique et vous ne vous lasserez pas de revenir …

Premier jour

Pour commencer la journée, *«La Joconde»* du célèbre Léonard de Vinci vous attend au Louvre. Mais les nombreuses galeries du musée sauront également attirer le regard des amateurs d'histoire et de culture. En sortant de cette visite, vous poursuivez en beauté en flânant à travers le jardin des Tuileries, pour rejoindre la célèbre place de la Concorde et son obélisque. Si vous continuez vers la Madeleine et l'Opéra, les bonnes tables sont légion et attirent les gourmands. […]

L'après-midi, une excursion en car Pariscityvision vous offre le meilleur de la ville, avec une vue panoramique sur les monuments célèbres de Paris. […]. Vous êtes alors tout près de Montmartre, l'occasion de monter voir la basilique du Sacré-Cœur. Pour terminer cette belle journée, rendez-vous au cabaret ! Au Moulin Rouge, dans le fameux quartier de Pigalle, ou au Lido pour un bouquet final sur les Champs-Elysées.

Deuxième jour

Il est grand temps de visiter la Tour Eiffel, le Trocadéro et le Champ-de-Mars. Un quartier mythique de Paris, surplombé par la Dame de Fer. Bouclez cette matinée par un déjeuner bien mérité, par exemple au Café du Marché, rue Cler.

L'après-midi, vous découvrez l'île Saint-Louis et l'île de la Cité où s'élèvent Notre Dame, la Sainte-Chapelle et la Conciergerie. Vous arpentez ensuite les quais de Seine, où vous regardez passer les bateaux et vous laissez tenter par les étals des bouquinistes. Vous continuez vers le quartier Latin, dominé par le Panthéon. Que d'émotions et de belles découvertes …

Et ce n'est pas fini, ce soir, vous faites un dîner-croisière sur un bateau, avant d'assister à un concert de jazz au Petit Journal Saint-Michel.

Au cours de ces trois belles journées, le Paris Museum Pass et le Paris Passlib' seront vos sésames pour visiter en toute liberté les monuments incontournables de Paris !; © Office du tourisme et des congrès de Paris;
Foto: Fotolia/oben 901 75474306; Quelle: http://www.parisinfo.com/decouvrir-paris/guides-thematiques/organiser-un-week-end-a-paris/un-premier-week-end-a-paris/quelques-idees-pour-un-premier-week-end-a-paris
(aufgerufen am 10.11.2016)

Troisième jour
Dernier jour, déjà ? Laissez-vous tenter par une escapade hors de Paris. Vous visitez le Château de Versailles et son parc majestueux. Vous vous régalez au restaurant La Petite Venise non loin du grand canal, avant de repartir explorer le Trianon et le domaine de Marie-Antoinette.

TÂCHE

Tu veux aller à Paris avec ton copain allemand pour un week-end. Tu viens de lire la page officielle de l'Office du Tourisme et le site *www.parisinfo.com*. C'est la première fois que ton copain est à Paris.

Fais une liste des informations les plus importantes en remplissant le tableau ci-dessous intitulé « Les incontournables de Paris ». Ensuite, indique à ton copain les lieux incontournables de Paris.

TIPP
Für die Orte/Sehenswürdigkeiten gibt es entsprechende Eigennamen im Deutschen.

« LES INCONTOURNABLES » DE PARIS

Les lieux / les curiosités	Les activités	Les restaurants / les cafés commandés

b Paraphrasieren und vereinfachen

b1 In der Hölle der Banlieues

DOCUMENT

In der Hölle der Banlieues

Die Vorstadtquartiere heißen auf Französisch „banlieue“, was auf Deutsch die historische Bannmeile bezeichnet. Besser könnte man nicht zum Ausdruck bringen, wie diese meist vor 50 bis 60 Jahren aus dem Boden gestampften Hochhaussiedlungen, die damals die „bidonvilles“, die Elendsviertel der Fremdarbeiterfamilien, ersetzt und zunächst als großer Fortschritt gegolten haben, heute ein Ort der Ausgrenzung geworden sind. Oft vergleicht man diese Quartiere, deren architektonische Trostlosigkeit nur noch von der sozialen Misere und der omnipräsenten Drogen- und Bandenkriminalität übertroffen wird, auch mit „Indianerreservaten“. In einige dieser Siedlungen wagt sich die Polizei nur in größeren Verbänden vor.

Regelmäßig kommt es zu Revolten. Als 2005 in Clichy-sous-Bois im Norden von Paris zwei Junge auf der Flucht vor einer polizeilichen Kontrolle in einer Anlage des Elektrokonzerns EDF ums Leben kamen, löste dies mehrwöchige Unruhen in allen Landesteilen aus, in deren Verlauf Tausende von Fahrzeugen sowie Geschäfte, Garagen und Lager in Brand gesteckt wurden. Der damalige Präsident, Jacques Chirac, versprach einen „Marshall-Plan für die Banlieue“. Seither wurde zwar viel Geld investiert – an der Ungleichheit hat dies aber wenig geändert.

Quelle: http://diepresse.com/home/panorama/welt/4646555/In-der-Holle-der-Banlieues (aufgerufen am 10.11.2016)

TÂCHE A

TIPP

Wenn ihr das passende Wort im Französischen nicht kennt, könnt ihr es umschreiben und dabei Obergegriffe benutzen (un lieu, un quartier où, une époque/une période …, une personne qui, le fait que, l'action de, un monument, un bâtiment …)

- Essayez d'expliquer les mots suivants avec vos propres mots en français. Les mots suivants peuvent vous aider :
  une cité, une tour de béton, une HLM, la tristesse, un ouvrier, un/une immigré(e), la misère, la pauvreté, un feu
- eine Hochhaussiedlung
- die Trostlosigkeit
- eine Metropole
- eine Fremdarbeiterfamilie
- ein Elendsviertel
- in Brand stecken
- die Ausgrenzung

TÂCHE B

Résumez les grandes lignes de cet article dans un courriel destiné à un/e jeune Français(e). Travaillez sans dictionnaire.

b2 Die Gedenkstätte Berliner Mauer

DOCUMENT

DIE GEDENKSTÄTTE BERLINER MAUER

Die Gedenkstätte Berliner Mauer erstreckt sich beidseits der Bernauer Straße. Auf dem ursprünglich in Ost-Berlin gelegenen Grenzstreifen ist die Außenausstellung zur Geschichte der Teilung, exemplarisch dargestellt am Beispiel der Bernauer Straße, zu sehen. Dazu gehören das Denkmal zur Erinnerung an die geteilte Stadt und die Opfer kommunistischer Gewaltherrschaft sowie das Fenster des Gedenkens. Ebenso befinden sich auf diesem Areal die Kapelle der Versöhnung und die freigelegten Fundamente eines ehemaligen Wohnhauses, dessen Fassade bis Anfang der 1980er Jahre die Grenzmauer bildete.
Auf der gegenüberliegenden Straßenseite, die zum Westteil der Stadt gehörte, stehen das Besucherzentrum und das Dokumentationszentrum mit einem Aussichtsturm. Im S-Bahnhof Nordbahnhof wird die Ausstellung „Grenz- und Geisterbahnhöfe im geteilten Berlin" gezeigt. Sie dokumentiert die Auswirkungen des Mauerbaus auf das Verkehrsnetz der Stadt.

Quelle: http://www.berliner-mauer-gedenkstaette.de (aufgerufen am 10.11.2016); © Stiftung Berliner Mauer
Foto: Jürgen Hohmuth

BESUCHERSERVICE
Öffnungszeiten
Besucherzentrum | Dokumentationszentrum
Dienstag – Sonntag 10.00 – 18.00 Uhr

Ausstellung im Gedenkstättenareal
Montag – Sonntag 08.00 – 22.00 Uhr

Ausstellung Geisterbahnhöfe
Die Ausstellung „Grenz- und Geisterbahnhöfe im geteilten Berlin" kann während der Öffnungszeiten des S-Bahnhofs Nordbahnhof besucht werden.

Eintritt frei
Möchten Sie regelmäßig per E-Mail über Veranstaltungen der Stiftung Berliner Mauer informiert werden? Dann abonnieren Sie unsere Veranstaltungseinladungen.

TÂCHE

1 Lis attentivement la page du site.

2 Explique les mots suivants oralement à ton partenaire qui ne parle pas l'allemand sans consulter de dictionnaire :

a die Gedenkstätte

b der Grenzstreifen

c die kommunistische Gewaltherrschaft

d die Kapelle der Versöhnung

e die freigelegten Fundamente

f das Fenster des Gedenkens

g die Grenz- und Geisterbahnhöfe

h die S-Bahn

i das geteilte Berlin

3 Rédige une lettre dans laquelle tu lui donnes les informations les plus importantes pour l'inviter à visiter le lieu concerné à Berlin. Utilise des paraphrases.

b3 Faux-amis – falsche Freunde

DOCUMENT

Attention aux faux-amis : ils pourraient vous mettre dans une situation délicate

Élisabeth Chevillet

Nombreux sont les mots français adoptés par les Allemands. *Revanche, Restaurant, Charme* : certains ont conservé à la fois leur signification et leur graphie. D'autres, germanisés, présentent une graphie différente tout en restant reconnaissables – *Parfüm, Menü* ou *amüsant*. Mais parfois, le sens des mots change au fil du temps. C'est ainsi que se développent la fascination des linguistes ou la hantise des apprenants en langue étrangère : les faux-amis. Attention, ces derniers pourraient en effet vous mettre dans une situation délicate.

Exemple n° 1 : *Die Figur,* le nez n'est pas au milieu

Une figure ronde n'est par exemple pas une *Figur* ronde. Pesez vos mots si vous voulez parler de sa *Figur* à quelqu'un : il s'agit en effet de sa ligne, de sa silhouette. Vous souhaitez complimenter une personne sur un trait de son visage ? Parlez-lui plutôt de *Gesicht (das).* En littérature, *Figur* désigne un personnage.

Exemple n° 2 : *Das Baiser,* une question de goût

Vous voulez donner un baiser à l'élu de votre cœur ? Il risque fort de prendre des kilos puisque *das Baiser* désigne la meringue. Si vous voulez l'embrasser, alors il s'agit de *Kuss (der).*

Exemple n° 3 : *Die Affäre,* alerte rouge

Le plus délicat des faux-amis. Ne rentrez pas à la maison en disant à l'âme sœur que vous avez une sacré *Affäre* au travail. *Affäre* désigne une aventure sexuelle scandaleuse. Ce que vous voulez dire, c'est *Angelegenheit (die)* ou simplement *Sache (die).* D'un point de vue juridique, on parle de *Fall (der)* ; d'un point de vue commercial de *Geschäft (das).*

D'autres faux-amis

das französische Wort	ähnelt dem Deutschen	bedeutet aber in Frankreich	das deutsche Wort wird so übersetzt:
quartier (m.)	Quartier	Viertel	gîte (m.)
route (f.)	Route	Straße	itinéraire (m.)
la démonstration	Demonstration	Beweis	manifestation (f.)
état (m.)	Etat	Staat	budget (m.)
bar (m.)	bar (zahlen)	Bar, Café	(payer) en espèces (f.)
gros	groß	dick	grand
brave	brav	tapfer	sage
ordinaire	ordinär	gewöhnlich, normal	vulgaire

TÂCHE

Ton ami(e) allemand(e) et toi, vous voulez vous organiser un voyage en France. Tu as trouvé sur Internet le blog ci-dessus sur intitulé «Faux-amis – falsche Freunde». Informe-le oralement sur quelques *faux-amis – falsche Freunde* pour éviter des surprises.

TIPP

Passt auf die falschen Freunde oder *faux-amis* auf! Einige Wörter, die Französisch klingen, gibt es im Französischen nicht, haben hier eine andere Bedeutung und müssen ersetzt werden: *Le régisseur* ist nicht der Regisseur, sondern der Unternehmer; *der Regisseur* ist der *metteur en scène*. Falls Du nicht sicher bist und die französische Entsprechung nicht kennst, paraphrasiere auch hier.

b4 Quelques mots-clés des systèmes scolaires différents

TIPP

Es gibt Sachverhalte, die nur in einer Kultur existieren, in der anderen nicht. Die Wörter, die einen solchen Sachverhalt ausdrücken und nur in einer Sprache vorkommen, müsst ihr durch Umschreibung erklären.

TÂCHE A

Explique oralement en français à un ami français la signification des mots suivants. Essaie de paraphraser.

- die Gesamtschule
- die Schülermitverwaltung
- der/die Schulsprecher(in)
- der Vertrauenslehrer
- das Turboabitur
- die Schulkonferenz

TÂCHE B

Explique oralement en allemand à un ami allemand la signification des mots suivants. Essaie de paraphraser.

- le collège-lycée
- un CDI
- la documentaliste
- la salle de permanence
- le surveillant
- le conseil de classe

b5 Mitmachen: Das Europäische Jugendparlament

DOCUMENT

Mitmachen: Das Europäische Jugendparlament

Das Europäische Jugendparlament bietet Dir:

- die Möglichkeit, internationale Freundschaften zu schließen
- an Debatten über gesellschaftliche, wirtschaftliche und politische Fragestellungen, die junge Menschen betreffen, teilzunehmen
- europäische Kulturen und Sprachen kennenzulernen
- eine Plattform, die eigenen Fähigkeiten zu entwickeln
- die Möglichkeit, Dich ehrenamtlich zu engagieren

Was sind die Ziele des EJP?

Wir machen europäische Politik überparteilich erleb- und erfahrbar, ermuntern Jugendliche, ihre Potentiale zu erkennen und Verantwortung für ihre eigene Zukunft sowie für die Zukunft Europas zu übernehmen. Jeder, der unsere Ziele unterstützt, ist bei uns willkommen. Unsere Arbeit wird allein durch ehrenamtlich aktive Jugendliche getragen. Die Teilnehmerinnen und Teilnehmer unserer Veranstaltungen sind überwiegend Schülerinnen, Schüler und Auszubildende. Die Konzeptionalisierung, die Umsetzung und die Leitung unserer Arbeit übernehmen vor allem Studierende. Jedoch sind die Grenzen zunehmend fließend – etwa durch neue Mitmachmöglichkeiten und Aktivitäten für Studierende. Und wer über unsere Altersgrenze von 26 Jahren fällt, kann uns durch die Arbeit an Schulen, durch Wissensweitergabe oder als Fördermitglied unterstützen.
Das EJP fördert die persönliche Entwicklung und Weiterentwicklung sozialer Fähigkeiten und besteht aus einem Netzwerk engagierter junger Menschen. Wir geben der Jugend Europas eine Stimme und übertragen jungen Menschen Verantwortung.

Was ist das Besondere am EJP?

Das EJP ist ein Verein, der gänzlich von Jugendlichen für Jugendliche gestaltet wird. Alle unsere Aktivitäten werden von ehrenamtlich aktiven Studierenden sowie Schülerinnen und Schülern organisiert. Das EJP setzt auf Teamarbeit, Verständnis und persönliche Entwicklung. Im Team lernst Du, Deine Stärken und Schwächen optimal einzusetzen und Deine eigene Meinung zu entwickeln und auszudrücken. Das EJP setzte auf authentische Lernerfahrungen. Du hast die Möglichkeit, Neues auszuprobieren, von Anderen zu lernen und politische Abläufe durch Simulationen selbst zu erleben. [...]

Quelle: http://www.eyp.de/mitmachen/ (aufgerufen am 10.11.2016)

TÂCHE

Tu trouves sur Internet des informations sur le Parlement Européen de la Jeunesse et tu souhaiterais y participer. Tu téléphones à ton ami français pour le renseigner et le convaincre à participer également à ce projet. Il ne parle pas l'allemand. Remplace les mots difficiles par des mots simples ou des paraphrases.

TIPP

Achtet darauf, Redemittel keinesfalls wörtlich zu übersetzen. Versucht Redewendungen durch einfachere Wörter in der Standardsprache zu ersetzen.

c Den Adressatenbezug herstellen und die Situation/den Anlass berücksichtigen

c1 Dans la peau d'un médecin sans frontières

DOCUMENT

Dans la peau d'un Médecin sans frontières

Gwenaëlle Boulet

Médecin à l'hôpital de Lille, Mary-Jane est partie 6 mois en mission humanitaire en République centrafricaine (RCA), l'un des pays les plus pauvres du monde. Elle nous a fait partager son quotidien.

Une heure que Mary-Jane est arrivée à l'hôpital et elle ne sait plus où donner de la tête. « Cette nuit, plein de mamans sont arrivées avec des bébés très malades. Un est déjà décédé et d'autres peuvent mourir si on ne les prend pas en charge rapidement... » À 8 heures du matin, la chaleur est déjà écrasante. Dans le petit service pédiatrique[1], l'odeur d'urine prend à la gorge. En arrivant à Paoua il y a 5 mois, Mary-Jane a découvert un autre monde. « Quand j'ai vu l'hôpital, senti les odeurs, vu le manque de materiel, les lits défoncés[2] occupés par deux ou trois mamans, ça a été un choc ! ».

1 le service pédiatrique: Kinderheilkunde
2 défoncé: stark beschädigt

Pris en mains par Médecins sans frontières (MSF), en 2006, alors que la région était en proie[1] à un conflit armé, le petit hôpital de Paoua, situé à 11 heures de la capitale, Bangui, ne désemplit pas. Paludisme[2], malnutrition[3], sida[4], tuberculose, tétanos, rougeole[5] … Pour Imri, le chef de projet, « la RCA est en état d'urgence médicale chronique, avec des taux de mortalité bien supérieurs aux seuils d'urgence ! ».

Face au drame, l'équipe de MSF déploie une énergie incroyable. Chaque matin, assistée du personnel médical local, Mary-Jane commence sa tournée. Aujourd'hui, 33 enfants en soins intensifs (état grave), 29 en pavillon (ceux qui vont mieux) et 12 en nutrition … sans compter les nouveaux arrivants. « […] Ce que j'ai vu m'a bouleversée. C'est d'une pauvreté absolue. Ici, tout est question de survie ».

« Avant l'arrêt respiratoire était synonyme de mort. Je me suis dit qu'on ne pouvait pas continuer comme ça. J'ai donc mené des formations pour montrer les gestes simples qui peuvent sauver des vies. Un matin, une équipe m'a annoncé qu'elle avait réussi à réanimer un bébé toute seule, sans moi. J'étais tellement fière d'eux que j'en ai pleuré ! ». Une victoire qui fait dire à Mary-Jane qu'elle ne sera pas venue ici pour rien.

Une autre fois la réanimation se passe mal. L'équipe ne parvient pas à sauver le bébé. « Voilà, c'est ça le plus dur ici : gérer la frustration. En France, on intuberait cet enfant et il serait sauvé. Ici, on n'a pas le matériel : on fait ce qu'on peut avec ce qu'on a ! ».

1 être en proie à qn/qc: jdm/etw. ausgeliefert sein
2 le paludisme: Malaria
3 la malnutrition: Fehlernährung
4 le sida: AIDS
5 les rougeoles (f.): Masern

Quelle: Extrait du magazine Phosphore No. 380, février 2013, p. 2–3

TIPP

Bevor ihr einen Text in einer anderen Sprache zusammenfasst, beantwortet folgende Frage hintereinander:

1 An welchen Adressaten wendet ihr euch?
2 Was ist die Situation/der Anlass?
3 Welche Informationen sind für den Adressaten in dieser Situation wichtig?

TÂCHE

Votre copain/copine a fait un stage de 2 mois dans un hôpital à Cologne. Après le stage, il/elle est tout heureux/se et il/elle est fermement déterminé(e) à poursuivre ses études de médecine et à participer à un projet de Médecins sans frontières. Comme il/elle ne sait pas à ce qui l'attend dans un pays en voie de développement et que vous avez lu l'article précedent paru dans le magazine Phosphore, vous lui écrivez un courriel en allemand dans lequel vous racontez l'expérience de Mary-Jane qui n'est pas que positive.

Les questions :

1 Qui est le destinataire du texte ?
2 Quelle est la situation ?
3 De quelles informations avez-vous besoin pour cette tâche ?

c2 Flüchtlingspolitik in Deutschland und Europa

DOCUMENT

Flüchtlingspolitk in Deutschland und Europa

Nach Angaben der Vereinten Nationen sind derzeit mehr als 65 Millionen Menschen weltweit auf der Flucht. Dramatisch ist vor allem die Zahl der neu Vertriebenen, eine Besserung ist nicht in Sicht. Die Menschen flüchten vor Diktatur, Verfolgung, Bürgerkrieg, Armut und sozialem Elend in ihrem Land. Tausende von Menschen verlieren ihr Leben auf der Flucht nach Europa. Europa baut seine Maßnahmen zur Grenzüberwachung aus, die Kritik an der Festung Europa wird immer lauter. Wie gelingt es Bund, Ländern und Kommunen mit der wachsenden Zahl an Flüchtlingen in Deutschland umzugehen? Wie begegnet die Bevölkerung den Neuankömmlingen?

Wegen des anhaltenden Zustroms von Flüchtlingen nach Deutschland Ende vergangenen Jahres hat die deutsche Regierung eine vorübergehende Einführung von Grenzkontrollen beschlossen. Auch weitere EU-Länder haben Grenzkontrollen eingeführt, so etwa Österreich, Tschechien und die Slowakei, Ungarn machte die Grenze zu Serbien und Kroatien komplett dicht, so dass den Flüchtlingen nun nur noch die Route über Slowenien blieb, um nach Österreich und Deutschland zu gelangen. Slowenien kontrolliert mit Hilfe des Militärs seine Grenzen und lässt nur noch passieren, wer nach Deutschland oder Österreich weiterreisen will. Zudem beschränken die Balkanländer die Einreise seit kurzem auf Afghanen, Iraker und Syrer und weisen dunkelhäutige Flüchtlinge ab. Viele Flüchtlinge sitzen somit auf ihrer Flüchtlingsroute fest.

Nachdem nun die Balkanroute so gut wie geschlossen ist, hat die Zahl der ankommenden Bootsflüchtlinge auf griechischem Boden rapide abgenommen. Das Gegenteil trifft für die italienischen Regionen Sizilien, Kalabrien, Apulien und Sardinien zu. Nach wie vor verlieren hunderte Menschen ihr Leben bei dem Versuch, mit Schlepperbooten vom libyschen Festland nach Italien zu gelangen.

Damit der Großteil der in Europa ankommenden Flüchtlinge sich nicht nur auf wenige Länder konzentriert, möchte die Europäische Union die Flüchtlinge zukünftig per Quote auf die Mitgliedsstaaten verteilen. Doch einige, hauptsächlich osteuropäische, Länder lehnen verbindliche Quoten ab, insbesondere Ungarns repressive Flüchtlingspolitik sorgte für negative Schlagzeilen.

Angesichts ihrer restriktiven Asyl- und Einwanderungspolitik steht die EU seit Jahren in der Kritik. Im Mittelpunkt stehe vor allem die Grenzsicherung und nicht die Rettung von Menschen, kritisieren Menschenrechtler, investiert werde in Maßnahmen und Anlagen der Grenzüberwachung wie Eurosur und Triton und Seerettungsmissionen wie „Mare Nostrum" würden dagegen abgeschafft.

Europa steckt angesichts der Flüchtlingsproblematik in einer ernsten Krise. Wird es gelingen, die Herausforderung zu meistern? Wird man sich künftig auf eine „gemeinsame Migrations- und Flüchtlingspolitik" einigen können?

Und die Lage in Deutschland ist nicht minder schwierig. Wie kann es gelingen, für die rasch ansteigende Zahl an ankommenden Flüchtlingen angemessene Unterkünfte bereit zu stellen und die Versorgung mit allem notwendigen zu gewährleisten? Bund, Länder und Kommunen stehen vor einer großen Herausforderung. Prognosen gehen davon aus, dass weitere 500 000 Flüchtlinge über Familiennachzug nachkommen werden.

Quelle: Flüchtlingspolitik in Deutschland und Europa, http://www.politische-bildung.de/fluechtlingspolitik.html (aufgerufen am 10.11.2016)

Mit der zunehmenden Anzahl an Flüchtlingen kommt es seit diesem Jahr auch zu einer alarmierend hohen Zahl an Übergriffen auf Flüchtlingsunterkünfte, mit steigender Tendenz. Auf der Straße, bei Stammtischen und in Hass-Postings im Netz lassen einige ihrem Unmut, ihrer ablehnenden Haltung gegenüber Flüchtlingen freien Lauf. Auch dies eine große Herausforderung: Wie kann es gelingen, die Neuankömmlinge vor Übergriffen zu schützen und gegen ein flüchtlingsfeindliches Klima anzugehen?

Ein Großteil der Bevölkerung steht den Flüchtlingen jedoch positiv gegenüber, viele sind bereit, sich für sie einzusetzen und ihnen im Sinne einer offenen Willkommenskultur in meist ehrenamtlicher Tätigkeit hilfreich zur Seite zu stehen. Immer mehr Projekte und Initiativen entstehen, die den Asylsuchenden ihre Ankunft und Integration in Deutschland erleichtern sollen.

TIPP

Schaut Euch den Adressaten genau an und markiert erst dann beim Lesen die Informationen, die für den Adressaten und den Zieltext notwendig sind!
Bei A2 handelt es sich um ein Kind, das nahezu kein Hintergrundwissen besitzt. Hier sind eine kurze Einführung des Kontextes und eine starke inhaltliche Vereinfachung besonders wichtig.

TÂCHE A

Lisez attentivement les perspectives décrites dans le texte :

Votre copain/copine français(e) doit préparer un exposé sur la politique des réfugiés. Comme il/elle n'a aucune idée de la situation, vous lui expliquez sur Skype :

- pourquoi beaucoup de réfugiés quittent leur pays,
- quelles sont leurs destinations,
- quelles sont les conséquences pour les réfugiés,
- quelle est la réaction des Allemands.

TÂCHE B

La petite sœur de votre correspondant(e) français(e) qui a 10 ans a regardé beaucoup de nouvelles sur la politique des réfugiés à la télé. Elle a vu des photos horribles montrant des réfugiés entassés sur un bateau pneumatique. Comme elle ne comprend pas du tout ce qui se passe, elle te demande des informations. À partir de l'article suivant, inventez un dialogue sur Skype : tenez compte du fait qu'il s'agit d'une enfant de 10 ans qui n'a aucune information sur le ce sujet. Expliquez lui :

- pourquoi beaucoup de réfugiés quittent leur pays,
- quelles sont leurs destinations,
- quelles sont les conséquences pour les réfugiés,
- quelle est la réaction des Allemands.

c3 Schülersprecher – eine große Aufgabe

DOCUMENT

Schülersprecher – eine große Aufgabe

Schülersprecher sein ist eine große Aufgabe

Die Schüler wählen aus ihrer Mitte eine Art Vorsitzenden, den Schülersprecher. Dieser ist Vorsitzender des Schülerrats, leitet die SV-Sitzungen, trifft sich regelmäßig mit den Verbindungslehrern und der Schulleitung und ist verantwortlich für die Aktionen und Projekte der Schülervertretung, sowie die Außendarstellung der SV. Er ist Ansprechpartner, sowohl für Schüler als auch für Lehrer, wenn es Fragen oder Probleme gibt.

Wahl

Je nach Bundesland werden die Schülersprecher anders gewählt. Mal dürfen alle Schüler eine Stimme abgeben, mal nur die Klassensprecher. Um den genauen Wahlablauf zu erfahren, müsst ihr im Schulgesetz eures Bundeslandes nachschauen.
Ebenfalls unterscheidet sich die Anzahl der Schülersprecher. Mal gibt es zwei Schülersprecher, einen ersten Schülersprecher und einen stellvertretenden Schülersprecher. Mal gibt es aber auch mehrere Stellvertreter. Teilweise ist dies auch im Schulgesetz geregelt. Wenn es nicht eindeutig geregelt ist, empfehlen wir ein gleichberechtigtes Team aus zwei Schülersprechern zu wählen. Je mehr mit im Boot sind, desto schwieriger wird die Koordination und die Absprache. Am besten ist es natürlich, wenn die zwei Schülersprecher miteinander befreundet sind oder zumindest gut miteinander auskommen. Die Wahl selbst findet entweder in der SV-Sitzung statt oder auf einer Schülervollversammlung.

Aufgaben

Der Schülersprecher...
- ist der Vorsitzende der SV
- beruft die SV-Sitzungen und die Schülervollversammlung ein und leitet diese
- vertritt die Interessen aller Schüler
- ist Ansprechpartner für die Schüler, Lehrer, Eltern, Schulleitung und den Hausmeister
- ist kraft Amtes Mitglied in verschiedenen Schulgremien (Schulkonferenz, Förderverein)
- hat die Möglichkeit, nach Absprache mit der Schulleitung auch an Gesamtlehrerkonferenzen regelmäßig teilzunehmen. Dies ist allerdings ein freiwilliger Bonus der Schulleitung, da dort auch oft

Quelle: http://svtipps.de/struktur/schuelersprecher (aufgerufen am 25.01.2017)
Foto: © Fotolia/contrastwerks.att £4143365; SVtipps.de

interne Angelegenheiten besprochen werden. Daher solltet ihr zeigen, dass ihr vertrauenswürdig seid und speziell über Personalangelegenheiten usw. eure Schweigepflicht einhaltet.

- unterrichtet die SV über die Gespräche mit der Schulleitung und den Gremien und andersherum
- hält Kontakt zu den Verbindungslehrern und der Schulleitung (regelmäßige Treffen: mindestens 1–2 mal im Monat)
- trägt Bitten und Beschwerden aus der Schülerschaft der Schulleitung vor
- wird von der Verbindungslehrern und der Schulleitung unterstützt
- darf in Absprache mit der Schulleitung für wichtige Tätigkeiten auch einmal vom Unterricht befreit werden. Die Vorlage einer Unterrichtsbefreiung für Schülersprecher und andere aktive SVler findet ihr im Downloadbereich.
- ist verantwortlich dafür, dass die Beschlüsse der SV-Sitzung auch umgesetzt werden
- ist Bindeglied zwischen den verschiedenen AGs, die der SV angehören. Daher beruft er auch die von ihm geleitete Sitzung der Zentralen Ebene ein.
- schaut nach dem Rechten und sorgt für Ordnung (z. B. dass die Kassenwarte ordentlich arbeiten)
- versucht Konflikte zu lösen

Viel Arbeit, aber auch viel Spaß

Wer sich als Schülersprecher zur Wahl stellt, sollte sich darüber im Klaren sein, dass er damit eine verantwortungsvolle Aufgabe übernimmt. Er sollte bereit sein, sich auch über das normale Maß hinaus für die Schülerschaft und seine Schule einzusetzen. Auch wenn das alles viel Arbeit ist – wir können euch aus eigener Erfahrung sagen, dass dies eine der schönsten Zeiten eures Lebens wird. Denn natürlich macht die Arbeit jede Menge Spaß und ganz nebenbei lernt ihr so sehr viel für euer späteres Leben. Von Menschenkenntnis über das freie Vortragen vor hunderten von Leuten bis hin zur effektiven Organisation und Leitung von Projekten. Mit diesen Zusatzqualifikationen habt ihr später im Berufsleben im Gegensatz zu anderen einen großen Vorsprung.

TÂCHE

Ton ami(e) français(e) a entendu parler d'un(e) Schulsprecher(in). Informe-le/la oralement sur ses activités et les modalités de son élection en te basant sur l'article. Tiens compte du fait que ton ami(e) français(e) n'a que très peu de connaissances de la vie scolaire en Allemagne.

c4 Vive le Québec libre

DOCUMENT

Discours de Charles de Gaulle : « Vive le Québec libre » (du 24 juillet 1967)

Eine Haftung für die Inhalte des Fremdanbieters Youtube ist ausgeschlossen.

TÂCHE

Tu as entendu parler du fameux discours historique du général de Gaulle « Vive le Québec libre » qu'il a tenu lors de son voyage en 1967 au Québec, à l'époque une province francophone du Canada qui commençait à se révolter contre la domination anglaise. Explique oralement le contexte historique et présente les informations principales du discours du Général de Gaulle à un ami allemand qui ne parle pas le français et qui ne connaît pas la situation linguistique et politique du Québec.

d Den Arbeitsprozess organisieren / Arbeitstechniken einsetzen

d1 Zurück in den französischen Herzen

DOCUMENT

ZURÜCK IN DEN FRANZÖSISCHEN HERZEN

Die Équipe Tricolore hat Sympathien gesammelt, aber Rugby bleibt die Nummer 1

VON BIRGIT HOLZER

PARIS. Den isländischen Vulkan haben sie mit Leichtigkeit gelöscht. Nun wartet auf Frankreichs Equipe Tricolore ein neues Naturwunder: der amtierende Weltmeister und Italienbezwinger, bekannt und berüchtigt als „La Mannschaft". „Und jetzt der Everest", schrieb die französische Sportzeitung *L'Equipe* nach der Qualifikation des Gastgeber-Teams für das Halbfinale.

Wenn Deutschland den Franzosen als Angstgegner gilt, dann natürlich aufgrund der jüngsten Erfolge. Zugleich ist das Duell emotional aufgeladen durch prägende Begegnungen der Vergangenheit. Das letzte Mal trafen beide Teams am 13. November 2015 im Stade de France zusammen – jener Horrornacht, in der Terroristen in einer Anschlagsserie in Paris insgesamt 130 Menschen töteten. In sportlicher Hinsicht fällt vor allem immer wieder das Stichwort Sevilla. Dort entglitt bei der WM 1982 Frankreich nach einer 3 : 1-Führung noch der Sieg, da Deutschland die Aufholjagd und schließlich ein Sieg im Elfmeterschießen gelang. Jahrzehntelang blieb die Empörung gegen Nationaltorhüter „Toni" Schumacher wach, der Patrick Battiston im Sturm auf das Tor ansprang und böse verletzte.

Doch es sind vor allem die Medien, die diese Episode immer und immer wieder aufwärmen. Vor dem Viertelfinal-Duell bei der WM in Brasilien 2014 zeigte das öffentlich-rechtliche Fernsehen nochmals das komplette Match von 1982. Auch jetzt werden wieder bittere Erinnerungen an Sevilla herausgeholt, während sich Spieler und Trainer davor hüten, von „Revanche" zu sprechen. „Wir kennen die Vorzüge der Deutschen und wissen, was uns erwartet", sagt Dimitri Payet. Es handle sich um „die beste Mannschaft in Europa und in der Welt", versichert auch Coach Didier Deschamps. „Aber wir kämpfen um unsere Chance auf das Finale." Gerade in einer fußballverrückten Stadt wie Marseille dürfen sich „Les Bleus" lautstarker Unterstützung sicher sein. Mit sympathischen Vorstellungen und wenig Negativschlagzeilen – abgesehen von den Diskussionen über eine angebliche abfällige Geste von Paul Pogba – spielten sie sich in so manches französische Herz. Aber es bleibt ein großer Unterschied zwischen beiden Ländern, sagt der in Frankreich lebende Sportsoziologe Albrecht Sonntag. Während Fußball in Deutschland seit Langem klassenübergreifend populär ist, gelte er der französischen Bourgeoisie als Proletariersport. „Wer etwas auf sich hält, der bekennt sich zum Rugby, schickt seine Kinder zum Rudern, Fechten und Reiten."

Aber alte Klischees – auch die von den frivolen, unzuverlässigen Franzosen einerseits und den Deutschen als disziplinierte „Dampfwalzen" andererseits – verlieren Sonntag zufolge „zum Glück" an Geltung. Vor allem für junge Anhänger, die unbedarft schönen Fußball sehen wollen und beim „Trauma von Sevilla" noch gar nicht geboren waren. „Wie das Ergebnis des Halbfinales auch ausfällt", so Sonntag, „ich glaube, wir werden Freunde bleiben."

Selbst der schrille Paul Pogba demonstriert ab und an Fan-Nähe, wie hier nach dem Sieg gegen Island.

Quelle: Birgit Holzer, Zurück in den französischen Herzen, Bonner Rundschau, 06.07.2016, S. 9

TÂCHE

Ton ami français Guy veut savoir ce qu'on écrit dans votre journal sur le prochain match de l'Euro entre la France et l'Allemagne. Tu lui écris un courriel juste avant le match.

TIPP

Organisiert den Arbeitsprozess:

- Lest zunächst den Arbeitsauftrag sehr genau, klärt die Situation/den Anlass für die Sprachmittlung und analysiere den Adressaten.
- Lest dann den Text mindestens zweimal und unterstreicht oder markiert die wichtigsten Informationen.
- Notiert anschließend stichwortartig die wichtigsten Informationen in der Zielsprache, die den Adressaten interessieren könnten.
- Übertragt die Notizen danach in die Zielsprache. Umschreibt Wörter oder Ausdrücke, wenn ihr die Entsprechungen euch unbekannt sind.
- Formuliert euren Text in der Zielsprache und beachtet dabei die Textformate.

AUSWERTUNGSGITTER

Situation/ événements avant le match	L'opinion publique	Clichés	Influence des médias	Différences entre les deux pays

d2 Je suis métis(se)

DOCUMENT

« JE SUIS MÉTIS(SE) »

Justine Pinaud

Son métissage, Anaïs le vit aujourd'hui très bien. Fière de ses origines françaises et marocaines, elle est heureuse de pouvoir partager sa double culture avec ses amis.

« Quand j'avais 10 ans, une de mes copines a organisé une « pyjama party. » Elle a distribué les invitations à toutes les filles de la classe… sauf moi. J'ai pleuré pendant des nuits entières, je ne comprenais pas pourquoi elle avait fait ça. Puis, un jour, elle est venue me voir et m'a dit que sa mère avait préféré ne pas m'inviter pour éviter que « ça fasse désordre ». Être la seule métisse dans une classe de petites filles blanches ne m'avait jusque là jamais posé de problèmes. Il a fallu attendre cet épisode douloureux pour que je me rende compte que j'étais différente.

Heureusement, comme on dit, « ce qui ne tue pas rend plus fort. » Du coup, aujourd'hui, je ne fais plus attention à toutes les remarques désagréables qu'on peut me faire, et je vis très bien ma différence. J'en ai même fait un atout ! Je pense d'ailleurs que tout métissage devrait être considéré comme un cadeau. Moi, ma mère est marocaine et mon père est français. Je suis fière de ce mélange. J'aime être partagée entre deux mondes, avoir le cœur qui balance constamment entre deux pays. Ma vie, c'est un peu comme un match de football France-Maroc où je serais l'arbitre. Après, je pense que le plus important, c'est de savoir jongler entre les deux camps, et c'est ça le plus difficile. Avec un prénom français et un physique plutôt typé nord-africain, j'ai tout de suite été lancée dans le grand bain : j'étais la contradiction incarnée ! Je pense que, si j'ai réussi à vivre en harmonie avec mon métissage, c'est que j'ai su m'entourer des bonnes personnes. En fait, j'ai toujours baigné dans un milieu fréquenté uniquement par des Blancs. Que ce soit les amis de mes parents, mon groupe de copains ou encore mes professeurs, tous sont blancs. Surtout, aucun d'eux ne m'a jamais fait sentir différente. Sauf peut-être, quelquefois, lors de l'appel, quand certains profs butent sur mon nom de famille à consonance maghrébine (j'ai celui de ma mère) et me demandent de quelle origine je suis. Mais c'est vraiment rare, et puis, ça ne me dérange pas plus que ça. Je me sens même tellement intégrée que, parfois, j'ai l'impression que je suis blanche moi aussi. Il m'arrive de me regarder dans le miroir et de ne plus voir ma peau mate et mes cheveux noirs bouclés. Ce n'est pas pour autant que je renie mes autres racines, au contraire ! Je tiens à garder un lien très fort avec le Maroc. Par exemple, quand je rentre du lycée le soir, je mets mes babouches, puis je tchate sur l'ordi en arabe avec mes cousins de Marrakech. Ce sont des petites habitudes dont je ne pourrais pas me passer, c'est comme ça. Et je ne parle pas du fameux couscous de maman ou de ses cornes de gazelle ! Je ferais un malheur si jamais elle arrêtait de les cuisiner ! »

TÂCHE

Cem, votre copain turc né en Allemagne qui est dans votre classe, ne se sent pas bien dans sa peau. Il n'arrive pas à trouver sa véritable identité.

Comme vous avez lu l'article ci-dessus dans le magazine Phosphore, vous lui parlez en allemand de l'expérience d'Anaïs pour lui donner de l'espoir. Écrivez-lui sur Facebook.

Tenez compte des aspects suivants :

- Qui est Anaïs ?
- Quelle est son expérience et quels sont ses sentiments quand elle avait 10 ans
- Quelle est son attitude aujourd'hui
- À quoi remarque-t-on qu'elle aime sa double culture ?

TIPP

Sich Notizen zu machen ist eine wichtige Technik bei der Sprachmittlung.
Ihr könnt folgendermaßen vorgehen:

1 Unterstreicht oder markiert farbig die wichtigsten Informationen im Ausgangstext.

2 Notiert möglichst die wichtigsten Informationen in einem Auswertungsgitter oder Schema, z. B. Organigramm oder Monolog-/Dialoggeländer direkt in der Zielsprache (besonders die guten Schüler[innen]) oder zuerst in der Ausgangssprache und dann in der Zielsprache.

3 Benutzt kurze, prägnante Ausdrücke/Formulierungen und Abkürzungen/Zeichen (p. ex.; =, #, >)

d3 Deutschlands brave Jugend

DOCUMENT

Deutschlands brave Jugend

Von Matthias Kaufmann

Jugendliche suchen das „gute Leben"

Alle vier Jahre untersuchen Wissenschaftler, wie junge Menschen in Deutschland ticken. Ergebnis: Provokante Subkulturen gibt es kaum noch. Die Teenager wollen sein „wie alle".

Am Anfang der großen Jugendkulturen stand fast immer Provokation und das Bedürfnis, sich von den Eltern abzugrenzen. Die Jugend im Jahr 2016 tickt da anders. Das geht aus der Sinus-Jugendstudie hervor, die heute in Berlin veröffentlicht wurde.

Provokante Subkulturen gebe es heute kaum mehr, fassen die Autoren der Studie zusammen: „Eine Mehrheit der Jugendlichen ist sich einig, dass gerade in der heutigen Zeit ein gemeinsamer Wertekanon von Freiheit, Aufklärung, Toleranz und sozialen Werten gelten muss, weil nur er das ‚gute Leben', das man in diesem Land hat, garantieren kann." Ein überraschendes Kennzeichen für diesen Befund: „Mainstream" sei bei den meisten Jugendlichen kein Schimpfwort mehr. Im Gegenteil: Das Wort sei „ein Schlüsselbegriff im Selbstverständnis und bei der Selbstbeschreibung". Viele der Menschen zwischen 14 und 17 Jahren, die befragt wurden, wollen so sein „wie alle".

Darin erkennen die Forscher vom Sinus-Institut eine „Sehnsucht nach Aufgehoben- und Akzeptiertsein, Geborgenheit, Halt". Die Jugendlichen sind anpassungsbereit und akzeptieren Leistungsnormen und Sekundärtugenden wie Pünktlichkeit und Disziplin.

Das gilt für Jugendliche mit und ohne Migrationshintergrund gleichermaßen. Muslimisch geprägte Befragte distanzieren sich demonstrativ von religiösem Fundamentalismus, religiöse Toleranz und Vielfalt werden in allen Milieus als wichtige Norm betont. […]

Natürlich gelten alle Aussagen für verschiedene Gruppen von Jugendlichen in unterschiedlicher Weise. Die Frage, wie Jugendliche eigentlich ticken, lässt sich unmöglich allgemeingültig beantworten. Es gibt nicht den Musterjugendlichen, dem alle anderen ähneln. Die Herangehensweise der Forscher vom Sinus-Institut ist deshalb eine andere: Sie identifizieren sieben Milieus, die die wichtigsten Typen beschreiben. […]

Das Sinus-Institut erforscht seit rund 35 Jahren die deutsche Gesellschaft und teilt sie in Gruppen ein, die so genannten Sinus-Milieus. Sie zeigen damit Menschen, die ähnliche Lebensweisen haben und ähnliche Einstellungen zu Arbeit, Familie, Freizeit, Geld und Konsum. […]

Die Sinus-Jugendstudie entstand im Auftrag der Deutschen Kinder- und Jugendstiftung, dem Bund der Katholischen Jugend, der Arbeitsstelle für Jugendseelsorge der Deutschen Bischofskonferenz, der Bundeszentrale für politische Bildung und der VDV-Akademie.

Quelle: http://www.spiegel.de/schulspiegel/sinus-jugend-studie-so-tickt-deutschlands-jugend-2016-a-1089288.html (aufgerufen am 10.11.2016)
Foto: © Fotolia/Jacob Lund 108048932

TÂCHE

Tu trouves sur l'Internet l'article ci-dessus. Lis l'article attentivement. Après …

a Écris un courriel ou une lettre pour informer un(e) ami(e) francais(e). Écris-lui un courriel ou une lettre.

b Rédige un blog sur internet ou un article pour un journal de jeunesse français.

TIPP

- Vergesst nicht, an wen ihr schreibt.
- Schreibt klar und zielgerichtet (was ist eure Botschaft?).
- Strukturiert euren Text gut.
- Achtet auf die Textformate.

TEXTFORMATE

	Umfang		**Persönliche Meinung**		**Sprachniveaus**		**Anrede/ Schlussformel**	
	lang	**kurz**	**Ja**	**Nein**	**Standard-sprache**	**Umgangs-sprache**	**Ja**	**Nein**
une lettre	X	X	X		X	X	X	
un email		X	X		X	X	X	
un blog		X	X			X		X
un article de journal		X	X			X		X

B Anwendungsteil

1 Nomophobie – Addiction au téléphone portable

DOCUMENT

Nomophobie – Addiction au téléphone portable

Janvier 2017

[...] En 2012, une étude britannique précisait que 66 % des utilisateurs de smartphones risquaient de souffrir s'ils devaient se passer[1] de leur smartphone.

Définition

Née de la contraction de «no mobile phobia», la nomophobie est un terme relativement récent qui désigne la phobie de ne pas avoir son téléphone portable à portée de main. Le terme phobie désignant une véritable névrose, il peut paraître un peu excessif pour qualifier les angoisses ressenties par un individu lorsqu'il est séparé de son mobile. Cependant, la nomophobie a été révélée par une étude conduite par la UK Post Officeen 2008 et qui a révélé que 53 % des utilisateurs de téléphones mobiles présentaient des symptômes d'anxiété en cas de perte, de mauvaise couverture réseau[2] ou de batterie faible. [...]

Addiction

Les manifestations caractéristiques de l'addiction et de la dépendance au téléphone sont son utilisation incessante, dans la rue, chez les commerçants, dans les transports, pendant les courses et parfois même chez un médecin. Regarder son téléphone sans arrêt représente un signe majeur de la dépendance. L'apparition d'une angoisse lorsqu'une anomalie ou un bugg survient, lorsqu'on ne retrouve plus le téléphone ou qu'il est impossible de le recharger, témoigne également de cette addiction. Les personnes dépendantes ont besoin d'avoir leur téléphone près de soi en permanence, dans leurs mains et proche de leur lit. L'objet devient une extension de leur propre corps et représente un véritable «doudou[3]» les rassurant. Cette addiction peut conduire à un repli[4] sur soi, voire même pour certaines personnes prédisposées à une forme d'autisme avec une rupture avec l'extérieur et une perte de convivialité[5].

Intolérance aux frustrations: Impatience insupportable

Répondre aux mails ou naviguer sur les réseaux sociaux représentent pour les accros une urgence qu'ils sont les seuls à considérer comme telle devenant une priorité artificielle prenant le pas sur celles qui le sont réellement vie provoquant des situations d'impatience et d'intolérance aux frustrations insupportables pour les personnes addictes à leur appareil.

Des manifestations physiques

La perte de son portable peut même provoquer chez certaines personnes une crise de panique avec l'apparition d'une sensation d'étouffer et de ne plus avoir de souffle, d'être en sueurs[6] et d'avoir une accélération de sa fréquence cardiaque.

Traitement : consulter un psy ?

Il faut apprendre progressivement à moins utiliser son portable en essayant par exemple de le fermer plusieurs fois par jour pendant 15 minutes au début puis en augmentant progressivement ce temps pour arriver à des périodes de 1 heure. [...]

1 se passer de qc: auf etw. verzichten
2 une couverture réseau: ein Handyempfang
3 un doudou: ein Kuscheltier
4 un repli: ein Rückzug
5 une convivialité: ein Zusammenleben
6 en sueur: schweißgebadet

Il faut également réussir à ne plus regarder son téléphone en présence d'autres personnes et apprendre à ne pas l'avoir sur soi en permanence lors de sorties par exemple. Mais il est parfois nécessaire, dans des situations extrêmes d'addiction sévère de consulter un psy afin de se faire aider à contrôler ces symptômes.

TÂCHE A

Votre copain/copine allemand(e) a toujours son portable sur lui. Au cours de français, vous avez lu l'article précédent. Comme vous vous faites du souci, vous abordez le sujet avec votre copain/copine en lui résumant en allemand les informations essentielles de l'article. Informez-le/la en particulier sur *les chiffres, la nomophobie* et *les risques* et *le traitement* du problème.

Étape 1 : Complétez la grille avec les informations du texte.

Les chiffres	La nomophobie	Les risques	Le traitement

Étape 2 : Choisissez les informations les plus importantes et résumez-les en allemand.

Zahlen	Nomophobie	Risiken	Behandlung

Étape 3 : Qui est le destinataire ?

Quel format de texte attend-on ?

Adaptez la langue, le style et la structure du texte.

TÂCHE B

Étape 4 : Écrivez un dialogue en respectant les étapes 1–3.

Étape 5 : Lisez encore une fois la consigne. Avez-vous mentionné toutes les informations demandées (les chiffres, la nomophobie, les risques, le traitement) ? Y a-t-il des fautes de grammaire/langue (verbes conjugués, accord des adjectifs, ordre des mots ...) ?

2 Panne im Atomkraftwerk Fessenheim war gravierender als gedacht

DOCUMENT

Panne im Atomkraftwerk Fessenheim war gravierender als gedacht

Bedrohung an der Grenze: der französische Pannenreaktor Fessenheim

4. März 2016, 07:25 Uhr Frankreich

- Eine Panne im französischen Atomkraftwerk Fessenheim an der deutschen Grenze im Jahr 2014 war gravierender als gedacht.
- Der Reaktor ließ sich vorübergehend nicht mehr steuern. Recherchen von SZ und WDR belegen eine Abfolge von technischem Versagen und Chaos.
- Seit Langem fordern nicht nur die Grünen, sondern auch Bürgerinitiativen in Frankreich und Deutschland, das Atomkraftwerk abzuschalten.

Von Marlene Weiß

Zuerst war es nur etwas Wasser. Am 9. April 2014 um 17 Uhr entdeckten Angestellte im Atomkraftwerk Fessenheim im Elsass Pfützen im Zugang zum Kontrollraum von Reaktor 1; ein Abfluss war verstopft, nachgefülltes Kühlwasser lief über. Dann stellten sie fest, dass auch Wasser in die drei tieferen Gänge gelaufen war. Dort aber standen Schaltschränke, in denen Sicherheitselektronik untergebracht war. Der Elektronik tat das Wasser nicht gut, Alarm wurde ausgelöst. Bis dahin nur ein kleiner Störfall, nichts allzu Ungewöhnliches in Frankreichs ältestem Atommeiler. Aber es war erst der Anfang.

Was dann folgte, ist nach Recherchen von SZ und WDR nicht mehr Routine, sondern eine Abfolge von technischem Versagen und Chaos, die es so in der Region selten gegeben hat. Man kann das in einem Brief mit Fragen und Aufforderungen zu dem Vorfall nachlesen, den die französische Atomaufsicht ASN am 24. April 2014 an den damaligen Chef des Kraftwerks schickte.

Demnach schilderte das Personal den Ablauf folgendermaßen: Zunächst habe man versucht, die Steuerstäbe von Reaktor 1 zu bewegen. Das sind Röhren, die ein Absorptionsmaterial enthalten: Je weiter man sie im Reaktorkern versenkt, desto langsamer läuft die Kernreaktion ab, so kann die Leistung geregelt werden. Diese Steuerstäbe waren aber anscheinend manövrierunfähig – jedenfalls sei der Versuch, sie abzusenken, „nicht schlüssig" verlaufen.

Gleichzeitig wurde festgestellt, dass das Wasser in den Schaltschränken offenbar eines der beiden parallelen Sicherheitssysteme außer Gefecht gesetzt hatte. Das einberufene Krisen-Team entschied darum, den Reaktor abzuschalten. Am Ende wurde der Reaktor per Einleitung von Bor ins Kühlsystem heruntergefahren.

Quelle: Marlene Weiß, Süddeutsche Zeitung vom 4. März 2016, 07:25 Uhr, http://www.sueddeutsche.de/wissen/frankreich-panne-im-akw-fessenheim-war-gravierender-als-gedacht-1.2890408 (aufgerufen am 25.01.17)
Foto: © Fotolia/altix5 124509136

Selbst die Notabschaltung funktionierte nicht reibungslos

Der Vorfall wurde auf der internationalen INES-Skala für nukleare Ereignisse, die von null bis sieben reicht, nur mit Stufe 1 bewertet. Trotzdem macht der Ablauf nachdenklich, wenn man die Details betrachtet – die freilich nicht annähernd aus der knappen Mitteilung der Atomaufsicht hervorgingen, von einer Bor-Notabschaltung war darin nicht die Rede.

Der Plan für den Atomausstieg ist vorerst gescheitert

Eigentlich sollte die Atomkommission ihre Arbeit am Montag abschließen – sie streitet sich jedoch noch immer mit den Stromkonzernen.

„Mir ist kein Fall bekannt, wo ein Leistungsreaktor hier in Westeuropa störfallbedingt durch Zugabe von Bor abgefahren werden musste", sagt Manfred Mertins. Er ist seit Jahrzehnten Sachverständiger für Atomkraftwerke, lange war er für die Gesellschaft für Anlagen- und Reaktorsicherheit tätig, die im Auftrag des Bundes die Sicherheit von AKWs bewertet. „Das Ereignis zeigt, dass die betriebliche Abschaltung nicht mehr möglich war, sodass andere Mittel in Angriff genommen werden mussten."

Quelle: Marlene Weiß, Süddeutsche Zeitung vom 4. März 2016, 07:25 Uhr, http://www.sueddeutsche.de/wissen/frankreich-panne-im-akw-fessenheim-war-gravierender-als-gedacht-1.2890408 (aufgerufen am 25.01.17)

TÂCHE A

Gislaine habite en Alsace, non loin de la centrale nucléaire de Fessenheim. Elle veut connaître les réactions des Allemands à l'accident de la centrale nucléaire de Fessenheim située au bord du Rhin, près de la frontière allemande. Écris-lui une lettre pour l'informer après avoir lu l'article ci-dessus.

TÂCHE B

Organisez un débat en français sur la question « Faut-il fermer Fessenheim en 2017 ? » Préparez le débat : Formez des groupes selon les rôles et cherchez des arguments pour et contre la fermeture dans le texte et sur Internet. Prenez des notes. Les représentants de chaque groupe participeront au débat. Deux élèves joueront le rôle de médiateur et un éléve animera le débat au cas où il y aurait des difficultés de compréhension et d'expression orale. Les médiateurs observeront les travaux en groupes et prendront des notes. Après le débat évaluez les arguments devant la classe.

VOICI LES RÔLES

Représentant(e) de la région Alsace-Haut-Rhin	Journaliste français (contre la fermeture)	Jeune habitant de Colmar (pour la fermeture)
Représentant(e) du gouvernement de Bade-Wurtemberg	Journaliste allemand (pour la fermeture)	Jeune habitant de Mülheim (pour la fermeture)
Animateur du débat	Médiateur 1	Médiateur 2

3 Fack ju Göhte

DOCUMENT

Quelle: DVD-Klappentext zum Film Fack ju Göhte, Constantin Film, 2013
Filmplakat: © action press, von rechts nach links zu sehen: Karoline Herfurth, Elyas M'Barek, 2013

TÂCHE

Tu fais un séjour de deux semaines à une école française. Le professeur te demande de présenter un film allemand à la classe dont la plupart des élèves ne parlent pas l'allemand. Fais une recherche sur internet pour te renseigner sur le film et présente-le oralement en français.

TIPP

- Fasse nur die wichtigsten Informationen zusammen, die junge Franzosen/Französinnen interessieren könnten.
- Strukturiere deine Präsentation sinnvoll und notiere die wichtigsten Infos in Französisch:
  - Info 1
  - Info 2
  - Info 3
  - Info 4
- Präsentiere ausgehend vom Sprechgeländer.

4 Die Camargue

DOCUMENT

DIE CAMARGUE

Yasemin Effenberger

Rosafarbene Flamingos, weiße Wildpferde, Stiere und Natur, wohin das Auge nur schaut. Das sind wohl die ersten Assoziationen, die man mit der Camargue verbindet.

Die Camargue ist eine Region der Provence in Südfrankreich, die sich zwischen dem Delta der Rhône zum Mittelmeer hin erstreckt. Das Naturschutzgebiet liegt zwischen Marseilles, Arles und Montpellier und bedeckt 60 000 Hektar, von denen etwa die Hälfte Sumpfgebiete und Teiche sind.

Im Étang *du Vaccarès,* dem größten See des Feuchtgebiets, finden neben einer artenreichen Fauna 237 Vogelarten ihr Zuhause. Aber auch den berühmten weißen Wildpferden und Stieren kann man hier begegnen. Die Camargue-Stiere werden für die traditionelle *Course Camarguaise,* einen unblutigen Stierkampf, gezüchtet. Zahlreiche Reiterhöfe bieten außerdem die Gelegenheit, auf dem Rücken von Camargue-Pferden die Region zu erkunden. Wer lieber eigenen Fußes die Region entdecken möchte, kann am 50 Kilometer langen Strand entlangwandern und sich die wunderschönen Sanddünen anschauen. Leuchttürme auf dem Weg markieren die nächstgelegenen Ortschaften.

In der Basse-Camargue können wegen des hohen Salzgehaltes nur spezielle Pflanzen gedeihen. Man hat sich hier auf die Salzgewinnung spezialisiert, wie z. B. bei *Salin-de-Giraud,* wo 340 000 Tonnen Salz jährlich produziert werden. Richtige Salzberge mit einer Höhe von bis zu 10 Metern sind hier zu sehen und sind eine Besichtigung wert. Das in der französischen und internationalen Küche verwendete *Fleur de Sel* wird u. a. hier gewonnen. Neben der Salzgewinnung werden 20 % der bebauten Flächen dem Reisanbau gewidmet. 100 000 Tonnen Reis werden jährlich im September geerntet und decken somit 20 % des französischen Bedarfs.

Aigues-Mortes ist eine der meist besuchten Städte Südeuropas. Zu ihren Wahrzeichen zählen die mittelalterliche Festung, der Turm *Tour de Constance,* die Kirche Notre-Dame-des-Sablons sowie die beiden Kapellen *Pénitents Gris* und *Pénitents Blancs,* was soviel heißt wie „Kapelle der grauen/weißen Büßer". Die ursprüngliche Architektur des früheren Hafenstädtchens, das unter Louis IX gebaut wurde, ist sehr gut erhalten und zum größten Teil für die Besucher zugänglich.

Saintes-Maries-de-la-Mer ist seit dem 12. Jahrhundert ein bedeutender Wallfahrtsort. Die Reliquien der Heiligen *Marie Salomé* und *Marie Jacobé* sind in der Wallfahrtskirche *Saintes-Maries-de-la-Mer* ausgestellt. Hier befindet sich im Übrigen auch die für die Sinti und Roma als Schutzheilige verehrte Roma Sara, die einer Legende zu Folge *Marie Jacobé* und *Marie Salomé* um 40 nach Christus vor einer Christenverfolgung gerettet hat.

Quelle: Yasemin Effenberger, Sprachmittlung Französisch - Oberstufe

TÂCHE A

Essayez d'expliquer les mots suivants avec vos propres mots en français.

- ein Naturschutzgebiet
- ein Sumpfgebiet
- eine karge Pflanzenwelt
- ein Wildpferd
- eine Artenvielfalt
- eine Saline

Votre correspondant(e) canadien(ne) a gagné dans une loterie un voyage en Camargue dans le sud de la France. Sur Internet, il/elle a trouvé un texte en allemand qu'il/elle ne comprend pas. Il/Elle vous écrit un mail et vous demande :

- où se trouve exactement la Camargue,
- ce qu'on peut y faire,
- ce qui la région a de particulier.

TÂCHE B

Écrivez-lui un mail en vous référant aux questions. N'oubliez pas de vous adresser à votre corres directement et de lui demander comment il/elle va, etc.

ÉVALUEZ VOS COMPÉTENCES

Questions	Oui	Non
Avez-vous tenu compte du destinataire de la tâche ?		
Avez-vous respecté le format demandé ?		
Avez-vous tenu compte de la situation du destinataire mentionnée dans la consigne ?		
Avez-vous répondu à ses questions ?		

Testez vos compétences – Leistungsaufgaben

1 Ziemlich beste Freunde

DOCUMENT

Ziemlich beste Freunde

Merkel freut sich über … „stimulierende Kritik" aus Paris
VON BIRGIT HOLZER

METZ. Differenzen, Irritation, Uneinigkeit zwischen Deutschland und Frankreich über das Agieren des anderen in der Flüchtlingskrise? Hat sich dieser Eindruck in den vergangenen Monaten auch verfestigt, so taten ihn Angela Merkel und François Hollande gestern als völlig daneben ab. „Gemeinsam", betonte Frankreichs Präsident nach den Gesprächen des deutsch-französischen Ministerrates, „haben wir nach einer Lösung gesucht. Und gemeinsam setzen wir sie um."

Die Kanzlerin pflichtete ihm bei: Die bilaterale Zusammenarbeit komme bestens voran – ob bei einem verstärkten Schutz der EU-Außengrenzen, einer wiederum „gemeinsamen" Reaktion auf die Terrorbedrohung oder einem europäischen Verteilungsmechanismus von Asylbewerbern. Und dass der französische Premier Manuel Valls, Hollande teilnahm, im Februar bei der Münchner Sicherheitskonferenz ihre Flüchtlingspolitik scharf kritisiert hatte, stimuliere sie mehr, als sie zu verärgern, versicherte Merkel mit einem Lächeln.

Es habe sich um einen „emotional sehr berührenden" Austausch gehandelt, denn die Gastgeberstadt Metz im grenznahen Lothringen, das zeitweise zu Deutschland gehörte, spiegele die gesamte Breite der deutsch-französischen Geschichte mit ihren Höhen und Tiefen wider. Erstmals wurde der deutsch-französische Ministerrat, der abwechselnd in einem der beiden Länder stattfindet, in Frankreich und dabei einer anderen Stadt als Paris organisiert. Seit 2003 soll er dazu dienen, die Kooperation zu fördern und Vorzeigeprojekte anzustoßen.

Doch meist überlagert die drängende Aktualitat das Treffen, diesmal mit den Schwerpunkten der Sicherheitspolitik und Terrorismusbekämpfung sowie der Lösung der Flüchtlingskrise. Im Vorfeld hatte sich Hollande gegen den Vorwurf der mangelnden Solidaritat verteidigt, da Frankreich nicht mehr als 30 000 syrische und irakische Flüchtlinge aufnehmen will.

Quelle: Birgit Holzer, Ziemlich beste Freunde, Bonner Rundschau, 8. April 2016
Foto: © picture alliance/dpa

Insgesamt sei die Zahl der Asylbewerber 2015 auf 80 000 aufgenommene Personen angestiegen, so Hollande. Er lobte die Solidarität Deutschlands, gab aber zu bedenken, es werde „für die Aufnahme und die Integration der Flüchtlinge umfangreiche Mittel zur Verfügung stellen müssen". Und genau davor schreckt der Präsident zurück angesichts hoher Zustimmungswerte fiir die rechtsextreme Front National. Seit den Pariser Terroranschlagen liegt der Akzent klar auf der Sicherheitspolitik. Doch gestern zeigten Hollande und Merkel ihren Willen, geeint aufzutreten. Sie nahmen den Vorschlag an, einen gemeinsamen Integrationsrat zu gründen. Geplant ist ein deutsch-französischer Freiwilligendienst in der Grenzregion, der förderbedürftigen Jugendlichen aus Lothringen Berufserfahrungen in Deutschland ermöglicht.

Quelle: Birgit Holzer, Ziemlich beste Freunde, Bonner Rundschau, 8. April 2016

TÂCHE

Vous participez à un cyber-projet lancé par votre école en coopération avec l'école jumelée en France. Vous voulez créer un site Internet commun qui porte sur l'histoire des relations franco-allemandes et qui s'adressera aux élèves des deux écoles. En cherchant des informations pour le projet, vous avez trouvé l'article ci-dessus dans un journal allemand. Résumez le contenu de l'article en vous concentrant sur les informations les plus importantes pour faire comprendre l'état des relations franco-allemandes en 2016 aux jeunes lecteurs.

ÉVALUE TES COMPÉTENCES

Critères	**Oui**	**Non**
As-tu résumé les points les plus importants ? (le contenu) ● les désaccords entre la France et l'Allemagne niés par Merkel et Hollande ● la coopération étroite entre les deux pays ● l'importance de la ville de Metz pour les relations entre les deux pays ● la politique de sécurité et de l'accueil des réfugiés dans les deux pays ● en France : l'augmentation du nombre de réfugiés qui demandent asile, une situation qui requiert des soutiens financiers considérables ; l'importance de la lutte contre le terrorisme ● la création d'un conseil dédié aux jeunes Lorrains qui veulent travailler en Allemagne		
As-tu respecté les destinataires ? (la destination du message)		
As-tu employé un style approprié ? (le style)		
As-tu respecté les critères de rédaction d'une lettre ? (le format)		
As-tu évité les fautes ? (le langage)		

2 Mein Körper war Matsch

DOCUMENT

„Mein Körper war Matsch“

Benjamin Emonts

Nach einem Absturz bei einem Foto-Shooting hat Gela Allmann Narben am ganzen Körper.

[...] Die Sonne scheint, es ist windig. Gela Allmann, Extremsportlerin, TV-Moderatorin und Model, steht auf einem Berg in Island in 1000 Metern Höhe. Es ist Anfang April. Für ein Foto-Shooting verlässt das Team die normale Skitourenroute, Allmann steigt in einen steilen, vereisten Hang. Plötzlich rutscht die 30-Jährige ab. Sie schlittert ungebremst talabwärts, wird schneller und schneller. Nach 150 Höhenmetern stürzt sie über einen Felsvorsprung und überschlägt sich. Immer wieder prallt sie gegen Felsen. Zuerst zerschellt das rechte Knie, dann das linke, schließlich die linke Schulter. Es reißen Muskeln, Bänder, Sehnen und die Hauptarterie des rechten Beins. 100 Meter vor dem Fjord im Tal kann Allmann mit letzter Kraft den Absturz bremsen, sie bleibt im Schnee liegen. Gela Allmann erinnert sich: „Mein Körper war Matsch. Ich war mir zu 100 Prozent sicher: Ich kann das nicht überleben.“

Jetzt im August, vier Monate später, postet Gela Allmann ein Bild auf Facebook. Die Münchnerin steht auf dem Gipfel des Rauhkopfs am Spitzingsee auf 1689 Metern Höhe. Allmann grinst. Den rechten Arm streckt sie zum Himmel, ebenso den rechten Zeigefinger. Die Nachricht dieses Bildes ist unmissverständlich: Schaut her, hier bin ich wieder! Nach etlichen Operationen und qualvollen Monaten, in denen sie im Bett lag, ohne sich bewegen zu können.

[...] Trotzdem zeigt das Bild eine junge Frau, die mit ihrem unbändigen Willen, ihrem großen Ehrgeiz und einem grenzenlos erscheinenden Optimismus imstande ist, scheinbar Unmögliches möglich zu machen – und dadurch zu einem Vorbild und einer Inspiration in den sozialen Netzwerken geworden ist.

Allmann sagt: „Ich glaube fest daran: Wenn man etwas wirklich will und mit Leidenschaft dafür kämpft, kann man alles schaffen.“ [...]

„Ich wollte irgendwann nur noch bewusstlos werden“

Die 30-Jährige kann inzwischen über ihren Absturz sprechen. Als sie die 800 Höhenmeter den Hang hinunter rutschte und sich einen Knochen nach dem anderen brach, „wollte ich irgendwann nur noch bewusstlos werden“. Sie hatte große Schmerzen, „mein Körper war ein einziges Hämatom“. [...]

Das Sport-Model hat jeden Schritt hin zu ihrem alten Leben auf sozialen Netzwerken dokumentiert. Warum tut sie das? Ist es Selbstverliebtheit? „Ich möchte den Menschen zeigen, dass sie nie aufgeben dürfen. Ich möchte sie inspirieren, immer weiter zu kämpfen, ihnen zeigen, dass es immer einen Weg gibt“, sagt sie. Auch deshalb führt Allmann ein Videotagebuch über ihren Kampf, schreibt inzwischen an einem Buch und möchte in Zukunft Motivationsvorträge halten.

Ihre Geschichte schließt mit einem Happy End. Am vergangenen Freitag hat Angelika Allmann ihren langjährigen Freund geheiratet auf Krücken. „Ich wollte nicht länger warten.“

Quelle: http://www.sueddeutsche.de/muenchen/extremsportlerin-nach-unfall-mein-koerper-war-matsch-1.2106089 (aufgerufen am 10.11.2016)
Foto: © Toni Heigl

TÂCHE

Le père de ton correspondant français ne peut plus faire du ski depuis un an. C'est dommage, parce qu'il faisait beaucoup de compétitions de ski lorsqu'il était jeune, mais l'année dernière il est tombé et son genou ne guérit pas comme il le faudrait. Il est triste, parce qu'il aime beaucoup le ski. Tu viens de lire un article dans un journal allemand et tu veux lui parler de Gela Allmann.

Écris une lettre dans laquelle tu résumes les informations principales. N'oublie pas de tenir en compte la perspective et des connaissances du père de ton correspondant. Fais attention à ton style et structure bien ta lettre.

TIPP

Schreibt den Brief besonders sensibel und gefühlvoll.

ÉVALUE TES COMPÉTENCES

Critères	Oui	Non
As-tu résumé les points les plus importants ? (le contenu) • Gela Allman était une skieuse professionnelle à part dans parmi les sportifs de l'extrême – elle était l'une des meilleures dans le domaine du ski de pente raide • elle a eu un grave accident pendant une séance de photos, elle est glissée sur un coteau glacé et elle est tombée de plusieurs centaines de mètres • elle a eu des blessures très graves, son corps était comme une grande « bouille » • depuis son accident, elle mène un combat intérieur pour pouvoir retrouver son ancienne vie • 4 mois après cet accident, elle a escaladé une montagne de 1.689 m avec l'aide de son petit copain • mais le retour est très difficile : elle subit beaucoup d'opérations, doit rester au lit sans bouger – il y a des jours où elle est désespérée • elle a la ferme intention de reprendre son ancienne vie : son ambition et son optimisme l'aident à persévérer • elle veut inspirer les autres et redonner du courage aux personnes qui ont besoin d'aide, c'est pourquoi elle informe les gens de ses progrès sur les réseaux		
As-tu compris le sens des mots-clés et as-tu trouvé des équivalents en allemand? Extremsportlerin – Absturz – Rückkehr in das Leben – Foto Shooting – Ehrgeiz/Optimismus/ unbändiger Wille – Leidenschaft – Verzweiflung – Inspiration/Vorbild		
As-tu tenu en compte l'état du père de ton ami ? • Lui as-tu bien décrit le déroulement et la gravité de l'accident ? • Lui as-tu expliqué qu'on peut la suivre sur les réseaux sociaux et que son cas donne espoir ?		
As-tu respecté la forme et les règles d'une lettre en allemand ? • As-tu utilisé un style pas trop compliqué ? • As-tu employé des exemples ? • As-tu pensé à la formule finale et à la formule d'appel ?		
As-tu evité les fautes d'orthographe ? (le langage)		

3 Die Polizisten sind die Gauner, nicht wir

DOCUMENT

„Die Polizisten sind die Gauner, nicht wir"

Anika Maldacker, dpa/cpa Sonntag, 21.07.2013 09:01 Uhr

Ihre Adresse verschweigen sie bei Bewerbungen lieber, sonst werden sie gleich aussortiert. Die Jugendlichen in der Banlieue von Paris begehrten einst auf – und noch immer fühlen sie sich chancenlos.

Die Bilder sind für viele noch so lebendig, als wären die Krawalle erst gestern gewesen: Tausende Autos und Mülltonnen brannten, Straßen waren verbarrikadiert, vermummte Menschen warfen Steine und Molotow-Cocktails. Die Pariser Banlieue wurde vor einigen Jahren tagelang von Unruhen erschüttert. Jugendliche ließen ihrem Frust über soziale Benachteiligung freien Lauf. Das Département Seine-Saint-Denis mit der Ordnungsnummer 93, im Kiez nur „neuf-trois" (neun-drei) genannt, steht im Ballungsgebiet Paris als Metapher für sozial benachteiligte Viertel. Hier leben viele Immigranten und viele Menschen mit geringem Einkommen. Die Jugendarbeitslosigkeit ist hoch.

Es sind vor allem Einwanderer aus Afrika und dem Maghreb, die hier leben, einer von ihnen ist Mehdi Bachir. „Mit 15 habe ich aufgehört, zur Schule zu gehen", erzählt er. Mittlerweile ist er 20 und macht ein Praktikum in der Antenne Jeunesse, dem Jugendzentrum von Sozialarbeiterin Souad Leroy. „Die Schulen in Paris sind gut strukturiert, aber bei uns nicht." Der 18-jährige Nabil Igram ergänzt: „Auch mit Abitur wird es schwer, Arbeit zu finden. Die Arbeitgeber haben wegen unserer Anschrift ein schlechtes Bild von uns." Er wertet das als Vorurteil. „Das macht mich wütend." [...]

Gewalt und Misstrauen

Im Landesdurchschnitt ist gut jeder vierte Jugendliche zwischen 15 und 24 Jahren arbeitslos, in Seine-Saint-Denis fast jeder dritte. Hier haben auch 54 Prozent der 19-Jährigen kein Abitur.

Hinzu kommt wachsendes Misstrauen der Jugendlichen gegenüber Medien und Polizei. „Medien nehmen unser Äußeres als Grund, uns über einen Kamm zu scheren", sagt der 18-jährige Samba Dembele, „sie denken, wir sind Diebe oder Randalierer." So werde ein falsches Bild von den Vororten gezeichnet. Nicht nur er, auch Mehdi Bachir berichtet von schlechten Erfahrungen mit der Polizei: „Die Polizisten sind die Gauner, nicht wir. Sie schlagen und beschimpfen uns. Sie machen, was sie wollen."

Misstrauen herrscht auf beiden Seiten. Immerhin ist die Zahl gewaltsamer Übergriffe in Seine-Saint-Denis laut Statistik viermal höher als im nationalen Schnitt. Jugendarbeiterin Leroy erzählt außerdem von Jugendlichen, die auf illegalem Weg den Erfolg suchen. Das ist jedoch nicht alles. Denn laut Leroy kommt zu alldem noch ein gravierendes Problem hinzu: „In den sensiblen Vierteln sind immer mehr Leute schwer bewaffnet." In zahlreichen Vierteln Frankreichs gebe es deswegen spezielle Zonen mit mehr Polizisten. Sicherer sei es nicht geworden, findet Leroy: „Früher oder später werden sich die Kinder dieser Waffen bedienen." Was das im Hinblick auf die Ausschreitungen 2005 bedeuten würde? Leroy ist sich sicher: „Heute würden solche Unruhen mehr einem Bürgerkrieg ähneln."

Quelle: Anika Maldacker, dpa/cpa, „Die Polizisten sind Gauner, nicht wir", Spiegel Online, 21.07.2013, http://www.spiegel.de/schulspiegel/chancenlose-jugendliche-in-paris-wir-haben-wut-a-912036.html (aufgerufen am 10.11.2016)

TÂCHE

Tu as trouvé l'article précedent en ligne et tu es choqué par l'injustice apparente dont sont victimes les jeunes d'origine arabe. Écris un courriel dans lequel tu résumes les informations essentielles du texte à Jamil, ton copain maghrébin, qui vit dans une banlieue à Paris. Demande-lui aussi son avis.

ÉVALUE TES COMPÉTENCES

Critères	**Oui**	**Non**
As-tu résumé les points les plus importants ? (le contenu)		
As-tu tenu compte des destinataires ? (la destination du message)		
As-tu employé un style approprié (le style)		
As-tu respecté les critères de rédaction d'une lettre ? (le format)		
As-tu évité les fautes ? (le langage)		

4 Nunavik – Chez les Inuits du Grand Nord québécois

DOCUMENT

Nunavik – Chez les Inuits du Grand Nord québécois

Florence Donnarel

SITUÉ À 500 KM AU SUD DU CERCLE POLAIRE, LE NUNAVIK, C'EST LE BOUT DU MONDE POUR LES HABITANTS DE MONTRÉAL. AU CŒUR DE L'HIVER POLAIRE, NEIGEUX ET GLACÉ, RENCONTRE AVEC LES INUITS DE L'ARCTIQUE QUÉBÉCOIS, SUR UNE TERRE DE MYTHES ET DE LÉGENDES.

CEUX QUI AIMERONT

Les amateurs de voyage polaire bien sûr, mais aussi tous ceux qui aiment les grands espaces, la nature, l'aventure, les rencontres avec des peuples aux traditions millénaires, les aurores boréales. [...]

DONNER ENVIE

C'est en hiver qu'il faut venir. Quand la neige recouvre la toundra, glace les rivières, sculpte la banquise et saupoudre de blanc les dernières forêts. [...] La région du Nunavik, grande comme la France et située au Nord du Québec [...]. On se déplace en avion ou, pour les plus courtes distances, en motoneige. Les routes n'existent pas sur cette terre polaire. On vient ici pour se frotter au Grand Nord québécois (environ –30 °C en hiver, parfois un blizzard à vous faire perdre le nord) et surtout rencontrer les Inuits, qui repré-

Quelle: Florence Donnarel, Nunavik – Chez les Inuits du Grand Nord québécois, TOUR HEBDO / N° 1566 / Décembre 2015, Paris, S. 76–78
Foto: © mauritius images / Friedrich Stark / Alamy

sentent la majorité des 12.000 habitants du Nunavik [...]. Les Inuits vivent de la nature. Ils partagent leur amour et leur connaissance de ces grands espaces en guidant les visiteurs sur plusieurs jours, dans des parcs nationaux nouvellement créés. Jeunes ou vieux, tous attachés à leur terre et à leurs traditions, ils ouvrent, avec le sourire, les portes de leur monde polaire et magique. [...] Envie d'une activité un peu plus sportive ? Ils vous emmènent musarder dans l'une des petites vallées dévalant vers la Koroc, en ski de randonnée ou en raquettes. [...]
Le chamanisme a longtemps accompagné la vie nomade de ce peuple premier installé dans le Grand Nord depuis 4.000 ans et sédentarisé depuis seulement une soixantaine d'années. [...]

Les Inuits vivent dans l'une des quatorze communautés du Nunavik, toutes côtières. [...]

RIEN N'EST PARFAIT

Un voyage au Nunavik coûte cher. Compter environ 1.900 € pour les vols entre Montréal et Kuujjuaq, porte d'entrée de la région. Ensuite, il faudra dépenser au moins 350 € pour les vols entre Kuujjuaq et les autres communautés. Pas d'inquiétude sur le grand froid : les opérateurs prêtent gratuitement un matériel technique permettant d'affronter sans souci les températures extrêmes.

LES INUITS VIVENT DE LA NATURE. ILS PARTAGENT LEUR AMOUR ET LEUR CONNAISSANCE DE CES GRANDS ESPACES EN GUIDANT LES VISITEURS SUR PLUSIEURS JOURS.

TROUVER UN TOIT

Chacune des quatorze communautés du Nunavik dispose d'un hôtel. [...] Ils sont plutôt modernes et confortables [...], mais ne proposent pas de petit déjeuner. Pour les repas, il est nécessaire de faire ses courses et d'utiliser la cuisine et le salon collectifs. [...] Le logement chez l'habitant est toujours possible. [...]

À QUEL PRIX ?

À partir de 5.800 € par personne (base double) depuis Paris le circuit en groupe accompagné de 9j/7n au Nunavik, avec en point d'orgue le parc national Kuururjuaq et des activités en raquette et à ski. En pension complète avec hébergement en hôtel Co-op, en tente chauffée et en refuge. Départ garanti à partir de quatre personnes. À partir de 3.500 € par personne (base double) au départ de Montréal le séjour de 4j à Kuujjuaq incluant une excursion de 2j en chiens de traîneaux et un survol en hélicoptère. En pc avec hébergement en hôtel 3★ et en igloo.

POUR EN SAVOIR PLUS

www.nunavik-tourism.com
www.parcsnunavik.ca

Quelle: Florence Donnarel, Nunavik – Chez les Inuits du Grand Nord québécois, TOUR HEBDO / N° 1566 / Décembre 2015, Paris, S. 76–78

TÂCHE A

Les parents de ton ami Jan veulent faire un grand voyage au Canada l'été prochain. Tu connais bien le Canada et sur Internet tu viens de lire un article très intéressant sur les communautés du *Nunavik* et les Inuits. Ton ami t'as demandé si tu pouvais te rendre chez lui ce soir pour leur donner dez Informations sur les communautés du *Nunavik*. Dans un courriel, il te fait un portrait de ses parents.

TÂCHE B

Rédige une lettre destinée aux parents de ton ami dans laquelle tu résumes les informations principales.

TIPP

Tiens compte des informations dont disposent les parents de ton ami sur le Québec et fais attention à ton style.
Relève les informations les plus importantes et concentre-toi sur les questions suivantes:

- Qu'est-ce qu'on peut faire dans cette région ?
- Comment s'y rendre ?
- Combien coûte le voyage ?
- Que doit-on savoir avant de faire le voyage ?

Portrait de Monsieur et Madame Simon	
Âge	50 et 52 ans
Nationalité	allemande
Langues	allemand → langue maternelle anglais → bonnes connaissances
Personnel	**SPORT** aiment la randonnée (particulièrement en montagne), le vélo **HOBBIES** intérêt général pour les domaines artistiques, la photographie, la lecture, la nature

ÉVALUE TES COMPÉTENCES

Critères	Oui	Non

As-tu résumé les points les plus importants ? (le contenu)
• Besuch eines Eskimovolks im Norden Québecs
  • Das Eskimovolk bestehend aus 14 Stämmen lebt im Norden Quebecs in Nunavik, 500 km vom Polarkreis entfernt.
• Mögliche Aktivitäten
  • in die Welt der Eskimos eintauchen → kalte Winter (–30Grad)
  • jagen/angeln mit den Eskimos
  • Langlaufen, Schneeschuhwandern
  • Sterne und Polarlichter sehen
  • Nationalparks besichtigen
• Der Weg dorthin
  • ungefähr 1.900 € für den Flug ab Montréal, 350 € für weitere Flüge innerhalb der Gemeinden
• Möglichkeiten der Unterbringung
  • Im Hotel, allerdings muss das Essen ggf. selbst zubereitet werden
  • eine Unterbringung bei den Familien ist ebenfalls möglich
• Kosten
  • sehr unterschiedlich
  • geführte Touren:
  • ungefähr 5.800 € ab Paris für 9 Tage / 7 Nächte
  • ca. 3.590 € ab Montréal für 6 Tage
• Besonders zu beachten
  • besonders für Natur- und Kulturliebhaber geeignet
  • keine Straßen vorhanden (Fortbewegung per Schlittenhund, Motorcross oder Hubschrauber für längere Distanzen)
  • sehr kalte Witterungsbedingungen		

As-tu tenu compte des informations dont disposent les parents de ton ami sur le Québec ? • s'ils ne sont jamais allés au Canada, ont peu d'informations → Il faut expliquer la relation entre les Inuits et le peuple canadien • s'ils ne parlent pas le français → certains Inuits parlent l'anglais → Qu'est-ce que cela signifie pour les parents de ton ami ? • ils aiment la randonnée et la nature		
As-tu respecté la forme et les règles d'un discours • As-tu utilisé un style pas trop compliqué ? • As-tu répondu aux questions de ses parents ? • As-tu employé des exemples ?		
As-tu évité les fautes ? (le langage)		

5 Wir schaffen das

DOCUMENT

„Wir schaffen das"

Neujahransprache von Bundeskanzlerin Angela Merkel 2016

Eine Haftung für die Inhalte des Fremdanbieters Youtube ist ausgeschlossen.

CHOISISSEZ UNE DES TÂCHES SUIVANTES

TÂCHE A

Les parents de ta famille d'accueil te demandent des informations sur le discours de Nouvel An de la chancelière allemande. Écris-lui une lettre dans laquelle tu leur expliques les énoncés principaux.

TÂCHE B

Les parents de ta famille d'accueil te demandent des informations sur le discours de Nouvel An de la chancelière allemande. Résume-leur les points principaux du discours.

ÉVALUE TES COMPÉTENCES

TÂCHE A

Critères	Oui	Non
As-tu résumé les points les plus importants ? (le contenu) ● Les guerres et les nombreuses crises qui sont à l'origine des migrations ● La plus grande vague de réfugiés sur notre globe depuis la Seconde Guerre mondiale ● L'engagement, la serviabilité et la chaleur humaine de ceux qui ont aidé ● Les grands défis pour la population ● La réussite et la force de l'Allemagne		
As-tu tenu compte des destinataires ? (la destination du message)		
As-tu employé un style approprié ? (le style)		
As-tu respecté les critères de rédaction d'une lettre ? (le format)		
As-tu évité les fautes ? (le langage)		

TÂCHE B

Critères	Oui	Non
As-tu résumé les points les plus importants ? (Le contenu) ● Les guerres et les nombreuses crises qui sont à l'origine des migrations ● La plus grande vague de réfugiés sur notre globe depuis la Seconde Guerre mondiale ● L'engagement, la serviabilité et la chaleur humaine de ceux qui ont aidé ● Les grands défis pour la population ● La réussite et la force de l'Allemagne **Avez-vous discuté suffisament des arguments pour et contre la position d'A. Merkel ?**		
As-tu tenu compte des destinataires ? (la destination du message)		
As-tu parlé de manière claire et compréhensible ?		
As-tu évité les fautes ? (le langage)		

Lösungen

Partie 1 : Évaluez vos compétences

1.1 Viel Neugier und ein bißchen Angst

Solution 1 :

Le texte parle de deux élèves de terminale qui racontent ce qu'ils veulent faire après le bac.

La fille travaille pour gagner de l'argent. Elle a besoin de beaucoup d'argent pour réaliser ses projets. Elle veut voyager au Costa Rica. Elle a déjà acheté les billets d'avion mais elle doit encore travailler. Elle ne sait pas comment elle communiquera avec les gens parce que la plupart ne parle pas anglais. Après, elle veut faire des études.

Il y a aussi un garçon qui veut faire une année de volontariat social à l'hôpital « Humboldt » à Berlin. L'hôpital « Humboldt » est très connu et il y a beaucoup de gens qui y travaillent. Il veut aussi faire des études. Mais avant, il veut voyager et se détendre un peu.

Solution 2 :

Salut Marie,

Ça va? La dernière fois qu'on s'est parlé, tu m'as dit que tu ne savais pas quoi faire après le bac. Je viens de lire un article d'avril 2016 dans le journal *Berliner Morgenpost* qui parle de deux élèves de terminale et de leurs projets après le bac. Je te résume les informations pour que tu aies une idée ce qu'on peut faire :

Johanna se prépare pour son bac et travaille en même temps parce qu'elle veut faire le tour de monde. D'abord, elle veut aller au Costa Rica pendant trois mois pour y travailler dans une ferme écologique avec le soutien d'une association. Après, elle veut aller en Asie. Tu te demandes peut-être si elle n'a pas peur ? Si, parfois elle a un peu peur mais la curiosité est plus grande que la peur.

Après son retour, elle veut faire des études de biologie ou de géographie à Berlin.

Puis, il y a encore Sebastian qui voudrait faire une année de volontariat social dans un hôpital à Berlin. Après son année de volontariat social, il veut faire des études de médecine, mais comme il n'a pas le numerus clausus qu'il faut, l'année de volontariat social lui donnera une première impression du métier. Pour lui, l'année de volontariat social est donc une année d'orientation. Après, il veut voyager en Nouvelle-Zélande avec ses copains pour voir le monde et reprendre de l'énergie.

Qu'est-ce que tu en penses ? Moi, je trouve que ce sont deux ou même trois alternatives sympas. J'espère que maintenant tu as peut-être une idée de ce que tu peux faire après le bac.

Bises Anne

Solution 3 :

Coucou mon amour,

Ça va? Tu me manques tellement.

Je sais que tu es en terminale maintenant et que tu ne sais pas quoi faire. J'ai lu un article et là, il y a deux élèves qui savent ce qu'ils veulent faire après le bac.

Johanna veut faire le tour de monde, d'abord au Costa Rica, puis en Asie. Au Costa Rica, elle veut travailler dans une ferme écologique. Puis, il y a Sebastian qui veut faire une année de volontariat social dans un hôpital à Berlin. Après, il veut faire des études de médecine.

Je ne crois pas que tu aimerais travail. De toute façon, tes notes ne sont pas très bonnes.

Alors ce que tu devrais faire, c'est venir en Allemagne et faire des études avec moi. Comme ça, on pourra être ensemble tout le temps sans négliger nos études.

Qu'est-ce que tu en penses ?

Mille bises, Anne

A Systematischer Übungsteil

a Relevante Infos darstellen

1 Alpenüberquerung auf dem E5 – Von Oberstdorf nach Meran

Les informations suivantes sont-elles importantes ?	Oui	Non
• En 6 jours on peut traverser les Alpes d'Oberstdorf (en Allemagne) jusqu'à Merano (en Italie) et y visiter 3 pays (l'Allemagne, l'Autriche et l'Italie).	X	
• Le panorama est très beau.		X
• On fait 106 km à pied.	X	
• Merano est une ville animée.		X
• Il y a beaucoup de possibilités d'hébergement, mais il est préférable de réserver à l'avance, car en été il y a beaucoup de monde.	X	
• Il y a beaucoup de bons restaurants.		X
• Il faut être en forme et aussi disposer d'une certaine expérience de l'alpinisme pour faire la traversée.	X	
• Il faut bien s'informer avant et pendant la traversée !	X	

2 Quelques idées pour un premier week-end à Paris
Freie Schülerbeiträge

3 Après la finale de l'Euro 2016

Impression générale après la finale	Les réactions du président Hollande	Les réactions des joueurs	Les réactions des fans	Les réussites et les attentes concernant le prochain Mondial
• Victoire du Portugal sur la France (1–0) (but d'Eder); • cauchemar et déception pour les Français; • enthousiasme chez les Portugais	• Les joueurs et les entraîneurs sont invités au Palais d'Élysée et honorés par le Président de la République	• Joueurs marqués par les efforts et la déception, des larmes aux yeux, dépression	• Incidents sur les Champs-Élysées et sous la tour Eiffel, vitrines brisées à Paris; • bagarre à Nantes, intervention des forces de l'ordre qui interviennent	• Les Bleus ont évolué, ont fait des progrès; • ont dominé les Allemands; • Griesmann: meilleur buteur de l'Euro, la future star; • optimisme et espoir pour la prochaine coupe du monde

Freie Schüleräußerungen

b Paraphrasieren

1 In der Hölle der Banlieues
Tâche A:
- eine Hochhaussiedlung: un quartier où il y a beaucoup de tours de béton, une cité
- die Trostlosigkeit: une atmosphère triste; la tristesse
- eine Metropole: une grande ville
- eine Fremdarbeiterfamilie: une famille immigrée qui travaille à l'étranger
- ein Elendsviertel: un quartier où règne la misère
- in Brand stecken: mettre le feu
- die Ausgrenzung: une exclusion; quand les gens ne sont pas intégrés

Tâche B:
Salut Matthieu,
J'espère que tu vas bien.
Tu m'avais demandé de te résumer l'article. Et voilà:
l'article parle des banlieues qui ont été construites il y a 50/60 ans. Ces cités de tours de béton qui ont été construites pour remplacer les bidonvilles et pour accueillir les travailleurs immigrés, n'ont rien changé en ce qui concerne la misère et la tristesse. La banlieue reste souvent un lieu d'exclusion sociale et de criminalité/trafic de drogues. Souvent, il y a des revoltes, comme en 2005 où plusieurs voitures, garages et magasins ont été incendiés suite à la mort de deux garçons qui ont été tués lors de leur fuite après un contrôle de police.
Est-ce qu'il y a encore des révoltes comme en 2005 aujourd'hui?
Bisous,
Marie

2 Die Gedenkstätte Berliner Mauer
2.
a. lieu où on se souvient d'un événement historique (lieu de commémoration)
b. zone le long de la frontière
c. le gouvernement communiste tyrannique
d. la Chapelle de la réconciliation
e. les fondations d'une ancienne maison
f. la Fenêtre de la commémoration des victimes
g. les gares frontalière vides où les trains ne s'arrêtent plus
h. le réseau express régional de Berlin
k. Berlin divisée en deux parties: Berlin-Ouest et Berlin-Est

3.
Cher Régis,
Je suis très heureux que tu viennes nous voir à Berlin très prochainement. Pour ta visite on veut te proposer un programme. As-tu par exemple envie de visiter le musée de commémoration du Mur de Berlin. On y présente l'histoire de la division de Berlin en deux parties: Berlin-Ouest et Berlin à partir de l'exemple de la Bernauer Straße. Le lieu rappelle la division de la ville et les victimes du gouvernement communiste tyrannique, la Chapelle de la reconciliation et la Fenêtre de la commémoration ainsi que les fondatons d'une ancienne maison dont la fassade faisait partie du Mur jusque dans les années 1980. En face tu trouveras un centre de documentation et dans la gare de la S-Bahn, RER de Berlin, une exposition sur les gares mystérieuses de la frontière de Berlin et les conséquences sur le système de circulation de Berlin.
Souhaiterais-tu visiter ce lieu de commémoration?
Amitiés et à bientôt

3 Faux amis – falsche Freunde
Freie Schüleräußerungen

4 Les mots-clés des systèmes scolaires différents
Tâche A:
die Gesamtschule: l'école de l'enseignement secondaire qui abrite sous son toit le Gymnasium, la Realschule et la Hauptschule
die Schülermitverwaltung: des élèves élus par les élèves d'une école pour les représenter et aider à résoudre leurs problèmes
der/die Schulsprecher(in): le ou la porte-parole élu(e) par les élèves de l'école
der Vertrauenslehrer: enseignant élu pour défendre les intérêts des élèves
das Turboabitur: le baccalauréat après 8 années scolaires au lycée
die Schulkonferenz: la réunion des représentants des professeurs, des élèves et des parents qui prennent des décisions importantes pour la vie scolaire
der Vertrauenslehrer(in): le professeur élu par les élèves qui coopère avec les élèves de la Schülermitverwaltung et qui défend les intérêts des élèves

Tâche B:
le collège-lycée: die Schulform in Frankreich, die Sekundarstufe I und II integriert
un CDI: eine Art Schulbibliothek mit Büchern und audiovisuellen Medien, mit denen die Schüler(innen) arbeiten können, mit integriertem Selbstlernzentrum
la/le documentaliste: diplomierte(r) Leiter(in) des CDI, der/die Bücher und Medien verwaltet und auch Schüleraktivitäten organisiert
la salle de permanence: großer Saal, in denen Silentien organisiert werden
le surveillant: meist Student(in), der/die Silentien und auch das Internat beaufsichtigt und für Ordnung auf dem Schulhof und auf den Fluren sorgt
le conseil de classe: Konferenz von Lehrer(innen) einer Klasse, Eltern- und Schülervertreter(innen), die den Leistungsstand und das Sozialverhalten der Schüler(innen) einer Klasse besprechen; tagt mehrmals im Jahr

5 Mitmachen: Das Europäische Jugendparlament
Freie Schülerantworten

c Den Adressatenbezug herstellen und die Situation / den Anlass berücksichtigen

1 Dans la peau d'un médecin sans frontières
Les questions
1. *Qui est le destinataire du texte?* Mon/ma copain/copine allemand(e).
2. *Quelle est la situation?* Mon copain/ma copine allemand(e) veut participer à un projet de Médecins sans frontières dans un pays en voie de développement. Je veux lui donner des informations sur l'expérience de Mary-Jane dans un courriel.
3. De quelles informations avez-vous besoin pour cette tâche?
   - Die **französische Ärztin Mary-Jane** geht für **6 Monate** unter der Hilfsorganisation **„Médecins sans frontières" nach Zentralafrika** und arbeitet dort als freiwillige Ärztin.
   - Im **Alltag** in Zentralafrika muss sie sich ständig neuen Herausforderungen stellen, wie z. B. der **Hitze,** dem Geruch von **Urin,** den **zerstörten Betten,** dem **Mangel an Material.**
   - Das Krankenhaus in der **Stadt Paoua,** dass MSF 2006 übernommen hat, ist **immer voll** belegt, da das Land Zentralafrika, welches sich in einem Notzustand befindet, von **vielen Krankheiten,** wie z. B. Malaria, Aids, Tuberkulose etc., überschattet wird.
   - MSF versucht, über engagierte Persönlichkeiten wie Mary-Jane zu helfen; viele Menschen stehen täglich auf ihrer Visitenliste.
   - In diesem Land herrscht eine **absolute Armut.**
   - Mary-Jane setzt sich dafür ein, Helfer vor Ort **fortzubilden** und bringt ihnen einfache Methoden bei, die Leben retten können.
   - Sie ist glücklich, wenn ihre Kollegen ohne sie ein Leben retten, weil sie dann weiß, dass sie nicht umsonst nach Zentralafrika gekommen ist.
   - Das Schwierigste für sie ist, **mit der Frustration umzugehen,** wenn ein Baby aus Mangel an Versorgung stirbt.

Écris le texte.
Lieber Jonah,
ich habe mich sehr gefreut, von dir und deinem Praktikum in einem Kölner Krankenhaus zu hören. Ich finde es auch besonders toll, dass du unbedingt nach deinem Studium mit Ärzte ohne Grenzen in ein Entwicklungsland gehen und dort Menschen mit deinen Kenntnissen helfen möchtest. Ich habe im Magazin Phosphore einen Bericht über eine freiwillige Ärztin gefunden, den ich dir natürlich nicht vorenthalten möchte. Dabei habe ich mich gefragt, ob du wohl auch an die negativen Aspekte eines solchen Projektes gedacht hast:
Die französische Ärztin Mary-Jane hat für 6 Monate als freiwillige Ärztin in Zentralafrika, einem der ärmsten Länder der Welt, gearbeitet. In ihrem Artikel berichtet sie vor allem von ihrem Alltag vor Ort, in dem sie sich ständig neuen Herausforderungen, wie z. B. der Hitze, dem Geruch von Urin, den zerstörten Betten und dem Mangel an Material stellen muss.
Das Krankenhaus in der Stadt Paoua, das MSF 2006 übernommen hat, ist immer voll, da sich das Land in einem Notzustand befindet und viele Krankheiten, wie z. B. Malaria, Aids und Tuberkulose, das Land überschatten. Mary-Jane versucht, vielen Menschen vor Ort zu helfen. Doch nicht nur das, sie bildet auch die Helfer vor Ort fort, indem sie ihnen einfache Methoden beibringt, die Leben retten können. Ein schönes Erlebnis ist für sie, wenn es ihre Kolleginnen dann tatsächlich schaffen, ein Men-

schenleben zu retten. Schwierig wird es, wenn es aus Mangel an Versorgung misslingt und Mary-Jane dann mit der Frustration umgehen muss. In Frankreich bzw. anderen europäischen Ländern hätte man Maschinen, die das Menschenleben retten könnten.

Zum Glück gibt es Menschen wie Mary-Jane, die freiwillig als Arzt oder Ärztin in Entwicklungsländern arbeiten. Jedoch sollte man bedenken, dass dieser Job eine enorme Energie kostet, sowohl körperlich als auch psychisch. Ich hoffe, du überlegst dir das gut und kannst nachher mit deiner Entscheidung gut leben.

Fühl dich fest gedrückt,

Christine

2 Flüchtlingspolitik in Deutschland und Europa

Vous lui expliquez :

- pourquoi beaucoup de réfugiés quittent leur pays,
- quelles sont leurs destinations,
- quelles sont les conséquences pour les réfugiés,
- quelle est la réaction des Allemands.

Flüchtlingspolitk in Deutschland und Europa

Nach Angaben der Vereinten Nationen sind derzeit mehr als 65 Millionen Menschen weltweit auf der Flucht. Dramatisch ist vor allem die Zahl der neu Vertriebenen, eine Besserung ist nicht in Sicht. Die Menschen flüchten vor Diktatur, Verfolgung, Bürgerkrieg, Armut und sozialem Elend in ihrem Land. Tausende von Menschen verlieren ihr Leben auf der Flucht nach Europa. Europa baut seine Maßnahmen zur Grenzüberwachung aus, die Kritik an der Festung Europa wird immer lauter. Wie gelingt es Bund, Länder und Kommunen, mit der wachsenden Zahl an Flüchtlingen in Deutschland umzugehen? Wie begegnet die Bevölkerung den Neuankömmlingen?

Wegen des anhaltenden Zustroms von Flüchtlingen nach Deutschland Ende 2015 hat die deutsche Regierung eine vorübergehende Einführung von Grenzkontrollen beschlossen. Auch weitere EU-Länder haben Grenzkontrollen eingeführt, so etwa Österreich, Tschechien und die Slowakei, Ungarn machte die Grenze zu Serbien und Kroatien komplett dicht, so dass den Flüchtlingen nun nur noch die Route über Slowenien blieb, um nach Österreich und Deutschland zu gelangen. Slowenien kontrolliert mithilfe des Militärs seine Grenzen und lässt nur noch passieren, wer nach Deutschland oder Österreich weiterreisen will. Zudem beschränken die Balkanländer die Einreise seit kurzem auf Afghanen, Iraker und Syrer und weisen dunkelhäutige Flüchtlinge ab. Viele Flüchtlinge sitzen somit auf ihrer Fluchtlingsroute fest.

Nachdem nun die Balkanroute so gut wie geschlossen ist, hat die Zahl der ankommenden Bootsflüchtlinge auf griechischem Boden rapide abgenommen. Das Gegenteil trifft für die italienischen Regionen Sizilien, Kalabrien, Apulien und Sardinien zu. Nach wie vor verlieren hunderte Menschen ihr Leben bei dem Versuch, mit Schlepperbooten vom libyschen Festland nach Italien zu gelangen.

Damit der Großteil der in Europa ankommenden Flüchtlinge sich nicht nur auf wenige Länder konzentriert, möchte die Europäische Union die Flüchtlinge zukünftig per Quote auf die Mitgliedsstaaten verteilen. Doch einige, hauptsächlich osteuropäische, Länder lehnen verbindliche Quoten ab, insbesondere Ungarns repressive Flüchtlingspolitik sorgte für negative Schlagzeilen.

Angesichts ihrer restriktiven Asyl- und Einwanderungspolitik steht die EU seit Jahren in der Kritik. Im Mittelpunkt stehe vor allem die Grenzsicherung und nicht die Rettung von Menschen, kritisieren Menschenrechtler, investiert werde in Maßnahmen und Anlagen der Grenzüberwachung wie Eurosur und Triton und Seerettungsmissionen wie „Mare Nostrum" würden dagegen abgeschafft.

Europa steckt angesichts der Flüchtlingsproblematik in einer ernsten Krise. Wird es gelingen, die Herausforderung zu meistern? Wird man sich künftig auf eine gemeinsame Migrations- und Flüchtlingspolitik einigen können?

Und die Lage in Deutschland ist nicht minder schwierig. Wie kann es gelingen, für die rasch ansteigende Zahl an ankommenden Flüchtlingen angemessene Unterkünfte bereitzustellen und die Versorgung mit allem Notwendigen zu gewährleisten? Bund, Länder und Kommunen stehen vor einer großen Herausforderung. Prognosen gehen davon aus, dass weitere 500 000 Flüchtlinge über Familiennachzug nach kommen werden.

Mit der zunehmenden Anzahl an Flüchtlingen kommt es seit diesem Jahr auch zu einer alarmierend hohen Zahl an Übergriffen auf Flüchtlingsunterkünfte, mit steigender Tendenz. Auf der Straße, bei Stammtischen und in Hass-Postings im Netz lassen einige ihrem Unmut, ihrer ablehnenden Haltung gegenüber Flüchtlingen freien Lauf. Auch dies eine große Herausforderung: Wie kann es gelingen, die Neuankömmlinge vor Übergriffen zu schützen und gegen ein flüchtlingsfeindliches Klima angehen?

Ein Großteil der Bevölkerung steht den Flüchtlingen jedoch positiv gegenüber, viele sind bereit, sich für sie einzusetzen und ihnen im Sinne einer offenen Willkommenskultur in meist ehrenamtlicher Tätigkeit hilfreich zur Seite zu stehen. Immer mehr Projekte und Initiativen entstehen, die den Asylsuchenden ihre Ankunft und Integration in Deutschland erleichtern sollen.

Quelle: http://www.politische-bildung.de/fluechtlingspolitik.html

Tâche A :

Sandra : Salut Mathieu ! Ça va ?

Mathieu : Coucou ! Trop cool de finalement pouvoir te skyper !

Sandra : Alors, tu m'avais dit que tu dois préparer un exposé sur la politique des réfugiés, n'est-ce pas ? J'ai lu un article dans mon cours de politique, alors je peux t'expliquer ce qui se passe.

Mathieu : Merci, Sandra, ça va sûrement m'aider. Alors, pourquoi est-ce que les réfugiés quittent leur pays ?

Sandra : Il y a actuellement 65 millions de réfugiés dans le monde entier. Ils quittent leurs pays à cause de la situation politique dans leurs pays, p. ex. la dictature, les persécutions, les guerres civiles, la pauvreté et la misère sociale.

Mathieu : C'est inimaginable. Quelles sont leurs destinations ?

Sandra : Ils essaient de fuir en Europe, p. ex. en Autriche, en Allemagne ou en Italie. Le problème est que cela n'est pas facile. Beaucoup de réfugiés meurent pendant la fuite ou restent bloqués sur la route car les pays européens renforcent leurs contrôles douaniers. C'est aussi la raison pour laquelle la politique d'immigration européenne est critiquée. Au lieu d'encourager des organisations comme Mare Nostrum qui pourraient sauver la vie des réfugiés sur mer, ils investissent dans les contrôles douaniers.

Mathieu : Mais je comprends aussi que les pays ne peuvent pas s'occuper de tous ces réfugiés. Comment est-ce que les Allemands réagissent face à tous ces réfugiés ?

Sandra : Il y a beaucoup de problèmes parce que les gens expriment leur hostilité vis-à-vis des réfugiés : Il y a des attaques contre des centres d'accueil de réfugiés, de la propagande sur Internet, etc. Mais la plupart des Allemands ont une attitude positive : ils réservent un accueil chaleureux aux migrants et s'engagent bénévolement. Il y a aussi des projets qui aident les réfugiés à s'intégrer.

Mathieu : Merci beaucoup, Sandra. À plus !

Sandra : De rien, à plus !

Tâche B :

Émilie : Salut Sandra ! Je suis tellement choquée. Aujourd'hui, j'ai vu des photos horribles dans le journal télévisé. Il y avait plein de gens entassés sur un bateau pneumatique. Il y avait aussi beaucoup d'enfants et il semble qu'ils avaient très peur. À la télé, ils ont dit que ces gens quittent leurs pays. Tu peux m'expliquer ce qui se passe ?

Sandra : Bien sûr, Émilie. Alors, ces gens qu'on appelle « réfugiés » quittent leurs pays pour des raisons différentes : les guerres, la pauvreté, la situation politique. En ce moment, il y a 65 millions de réfugiés dans le monde entier.

Émilie : Mais où est-ce que ces réfugiés vont ?

Sandra : Ils vont surtout en Europe, p. ex. en Allemagne ou en Italie, parce que la qualité de vie et aussi la sécurité y sont meilleures que dans leurs pays. Le problème est que beaucoup de réfugiés perdent leur vie sur les routes dangereuses. Et ceux qui réussissent à entrer en Europe sont confrontés à des gens qui ne sont pas toujours très gentils : il y a des gens qui détruisent les centres d'accueil de réfugiés ou qui écrivent des messages hostiles sur Internet. Mais la plupart des Européens ont une attitude positive : ils sont gentils et s'engagent dans des projets pour aider les réfugiés à se sentir bien et en sécurité.

Émilie : Merci, Sandra. Maintenant, j'ai compris la situation et pourquoi ils ont montré des photos de réfugiés au JT. À plus !

Sandra : À plus, bisou !

3 Schülersprecher – eine große Aufgabe

Freie Schülerantworten

4 Vive le Québec libre

Der französische Staatspräsident Charles de Gaulle stattet dem französischsprachigen Teil Kanadas einen Besuch ab, das sich gegen das von den Anglophonen weitgehend beherrschte Kanada zu erheben beginnt. Vor dem Rathaus von Montréal hält er am 24. Juli 1967 eine Rede, in der er sich als Patriot an die frankophonen Bewohner von Montréal wendet, die Verbundenheit Frankreichs mit dem französischsprachigen Kanada zum Ausdruck bringen und die anglophone Bevölkerung provozieren will. Er bringt zunächst seine tiefsten Gefühle zum Ausdruck und begrüßt die französischsprachige Bevölkerung im Namen des ganzen französischen Volkes. Er verrät ihnen ein Geheimnis: Während seiner Reise durch das französischsprachige Kanada habe er dieselbe Atmosphäre erlebt habe wie bei seiner Route durch die befreiten Gebiete von Frankreich 1945. Er lobt die gewaltigen Fortschritte, die die Provinz Québec wirtschaftlich wie sprachenpolitisch erzielt habe und weist darauf hin, dass ganz Frankreich volles Vertrauen in das frankophone Kanada habe, dass es Verträge mit der Regierung Québecs Johnson abgeschlossen habe, an seiner Seite stehe. Er spricht sogar von einem gemeinsam erschaffenen Werk der gegenseitigen Hilfe. Zum Schluss seiner Rede lässt er das französischsprachige Kanada und Québec zusammen mit Frankreich hochleben, nennt es frei und bezeichnet Montréal als eine französische Stadt. Die Bevölkerung Montréals feiert ihn begeistert.

d Den Arbeitsprozess organisieren / Arbeitstechniken einsetzen

1 Zurück in den französischen Herzen

Cher Guy,

Le journal cite la victoire facile de la France sur l'Islande et la peur qu'a l'équipe tricolore de la Mannschaft. Il fait aussi allusion aux émotions lors du match amical entre les deux pays au stade de France lors des actes terroristes du 13 novembre 2015, mais aussi aux anciennes victoires de l'Allemagne et au coup de pied de Toni Schumacher contre Battiston. Mais ce sont surtout les médias qui font allusion à cet événement et qui suscitent des émotions. D'après le journaliste, le comportement des joueurs français lors des derniers matchs a été sympathique ; mais il cite aussi les opinions de Didier Dechamp et de Payet qui considèrent la Mannschaft comme la meilleure équipe de l'Europe. En plus, le journal met en relief les différences entre les deux pays. Tandis qu'en Allemagne le foot est reconnu et estimé dans toutes les couches sociales, en France c'est surtout le rugby, pas le foot, qui est populaire dans la bourgeoisie. Le journal conclut cependant que peu importe le résultat, Français et Allemands resteront des amis. Espérons-le bien ! Que le meilleur gagne !

Amitiés, Thomas

2 « Je suis métis(se) »

Qui est Anaïs ?
Expérience + sentiments quand elle avait 10 ans
Attitude aujourd'hui
À quoi remarque-t-on qu'elle aime sa double culture ?

Son métissage, Anaïs le vit aujourd'hui très bien. Fière de ses origines françaises et marocaines, elle est heureuse de pouvoir partager sa double culture avec ses amis.

« Quand j'avais 10 ans, une de mes copines a organisé une « pyjama party. » Elle a distribué les invitations à toutes les filles de la classe… sauf moi. J'ai pleuré pendant des nuits entières, je ne comprenais pas pourquoi elle avait fait ça. Puis, un jour, elle est

venue me voir et m'a dit que sa mère avait préféré ne pas m'inviter pour éviter que «ça fasse désordre». Être la seule métisse dans une classe de petites filles blanches ne m'avait jusque-là jamais posé de problèmes. Il a fallu attendre cet épisode douloureux pour que je me rende compte que j'étais différente.
Heureusement, comme on dit, «ce qui ne tue pas rend plus fort.» Du coup, aujourd'hui, je ne fais plus attention à toutes les remarques désagréables qu'on peut me faire, et je vis très bien ma différence. J'en ai même fait un atout! Je pense d'ailleurs que tout métissage devrait être considéré comme un cadeau. Moi, ma mère est marocaine et mon père est français. Je suis fière de ce mélange. J'aime être partagée entre deux mondes, avoir le cœur qui balance constamment entre deux pays. Ma vie, c'est un peu comme un match de football France-Maroc où je serais l'arbitre. Après, je pense que le plus important, c'est de savoir jongler entre les deux camps, et c'est ça le plus difficile. Avec un prénom français et un physique plutôt typé nord-africain, j'ai tout de suite été lancée dans le grand bain: j'étais la contradiction incarnée! Je pense que, si j'ai réussi à vivre en harmonie avec mon métissage, c'est que j'ai su m'entourer des bonnes personnes. En fait, j'ai toujours baigné dans un milieu fréquenté uniquement par des Blancs. Que ce soit les amis de mes parents, mon groupe de copains ou encore mes professeurs, tous sont blancs. Surtout, aucun d'eux ne m'a jamais fait sentir différente. Sauf peut-être, quelquefois, lors de l'appel, quand certains profs butent sur mon nom de famille à consonance maghrébine (j'ai celui de ma mère) et me demandent de quelle origine je suis. Mais c'est vraiment rare, et puis, ça ne me dérange pas plus que ça. Je me sens même tellement intégrée que, parfois, j'ai l'impression que je suis blanche moi aussi. Il m'arrive de me regarder dans le miroir et de ne plus voir ma peau mate et mes cheveux noirs bouclés. Ce n'est pas pour autant que je renie mes autres racines, au contraire! Je tiens à garder un lien très fort avec le Maroc. Par exemple, quand je rentre du lycée le soir, je mets mes babouches, puis je tchate sur l'ordi en arabe avec mes cousins de Marrakech. Ce sont des petites habitudes dont je ne pourrais pas me passer, c'est comme ça. Et je ne parle pas du fameux couscous de maman ou de ses cornes de gazelle! Je ferais un malheur si jamais elle arrêtait de les cuisiner!»

Qui est Anaïs?	Son expérience et ses sentiments quand elle avait 10 ans	Son attitude aujourd'hui	À quoi remarque-t-on qu'elle aime sa double culture?
• mère marocaine, père français • prénom français, physique plutôt nord-africain • p. ex: peau mate et cheveux noirs bouclés	• épisode malheureux • seule métisse dans une classe de filles blanches • p. ex.: pas invité à une pyjama party	• partagée entre deux mondes • ne fait plus attention aux remarques • considère chaque métissage comme un cadeau • s'est entourée de bonnes personnes	• lien fort avec le Maroc • tchat sur l'ordi en arabe • ne parle plus du fameux couscous de Maman
• Mutter: Marokkanerin, • Vater: Franzose • Französischer Vorname; • eher Aussehen eines Nordafrikaners = dunkle Haut, schwarze, gelockte Haare	• schwierige Zeit • einziger Mischling in Klasse mit weißen Mädchen • z. B. als einzige nicht eingeladen zu einer Pyjama-Party	• geteilt zwischen 2 Welten; • hat aufgehört, auf negative Bemerkungen zu achten • umgibt sich mit Personen mit positiver Einstellung	• starke Bindung an Marokko • chattet in Arabisch auf ihrem Computer • redet nicht mehr über das berühmte Couscous ihrer Mutter

Lieber Cem,
ich schreibe dir hier bei Facebook, weil es mir einfach leichter fällt und ich denke, dass man Dinge leichter verinnerlichen kann, wenn man sie liest. Heute im Unterricht habe ich gemerkt, dass es dir nicht gut geht. Ich habe mitbekommen, wie du Semra sagtest, dass du dich in einer Zwickmühle befindest, weil deine türkischen Eltern deine türkische Identität stärken wollen, du dich aber wie ein Deutscher fühlst, da du hier geboren wurdest und auch mit deutschen Freunden aufgewachsen bist.
In dem Jugendmagazin *Phosphore* habe ich einen sehr interessanten Bericht eines Mädchens namens Anaïs gelesen, dessen Mutter marokkanischer und dessen Vater französischer Herkunft ist. Anaïs bezeichnet sich selbst als den Widerspruch in Person: Sie hat einen französischen Vornamen, jedoch ein nordafrikanisches äußeres Erscheinungsbild mit ihrer matten Haut und ihren schwarzen, lockigen Haaren.
Früher, als sie 10 Jahre alt war, hat Anaïs eine wirklich schlechte Erfahrung gemacht: Sie wurde als Einzige nicht zur Pyjama-Party einer Klassenkameradin eingeladen. Anaïs, die zuvor keine schlechten Erfahrungen wegen ihrer Herkunft gemacht hatte, konnte es nicht verstehen und weinte nur. Sie hat sich aber damit abgefunden und diese Erfahrung hat sie nur gestärkt.
Heute hat Anaïs eine andere Einstellung. Sie ist sehr stolz auf ihre doppelte Identität. Sie sieht sie als Geschenk. Anaïs hört nicht

mehr auf die unangemessenen Kommentare mancher Personen und versucht darauf zu achten, sich nur mit netten, toleranten Menschen zu umgeben. Sie fühlt sich so sehr integriert, dass sie sich manchmal sogar für eine Weiße hält. Dennoch schätzt sie ihre marokkanische Identität: Zu Hause trägt sie ihre orientalischen Pantoffeln, chattet mit ihren Cousins auf Arabisch und genießt das leckere marokkanische Essen, ohne dass sie sich ein Leben nicht vorstellen könnte.
Ich denke, die Einstellung von Anaïs ist genau die richtige: Du solltest auch deine doppelte Identität wertschätzen und das Positive sowohl an der türkischen als auch an der deutschen Kultur sehen. Schließlich ist es wunderbar, in verschiedenen Kulturen leben und ihre Sprache beherrschen zu können. Vielleicht überlegst du auch noch einmal, wer zu deinen wahren Freunden gehört.
Ich drücke dich ganz fest!
Deine Mia

3 Das Textformat beachten: Deutschlands brave Jugend
Le courriel:
Salut,
Je viens de lire un article relatant les résultats d'une enquête sur la jeunesse actuelle en Allemagne qui pourraient t'intéresser. Tu veux savoir comment nous sommes, nous les jeunes Allemands? Choc!!! D'après l'étude, nous sommes très adaptés, nous voulons être libres, mais nous sommes tolérants et nous aimons la sécurité. Beurg! Nous sommes performants et nous aimons la discipline et la sécurité. Les jeunes musulmans ne sont guère différents, ils sont contre le fanatisme religieux, sont tolérants et aiment la diversité.
Comment c'est chez vous? C'est la même chose?
Écris-moi vite.
Thomas

La lettre:
Salut Pierre,
Je n'ai pas eu de nouvelles de toi depuis le début de l'année. Comment vas-tu? J'espère bien. Chez nous, tout va bien. Mais j'étais un peu choqué aprés avoir lu un article relatant les résultats d'une enquête sur les jeunes Allemands actuels. D'après cette étude les jeunes Allemands sont très adaptés, ne se rebellent plus contre leurs parents. La majorité d'entre nous aiment la liberté, la tolérance et la sécurité, tout ce qui garant une belle vie. Nous défendons les valeurs telles que la performance, la ponctualité et la discipline. Ce qui ne m'étonne guère: les jeunes musulmans ne sont guère différents, ils sont contre le fanatisme religieux, sont tolérants et aiment la diversité.
Ne sois pas trop choqué. Qu'est-ce que tu en penses? Les jeunes Français sont-ils différents?
J'attends ta réponse.
Amitiés,
Thomas

Le blog:
La jeunesse allemande actuelle – sage et adaptée
Vous voulez savoir comment est la jeunesse allemande actuelle? L'étude de Sinus, une étude sérieuse et effectuée par des institutions publiques et religieuses depuis 35 ans, y donne une réponse. L'étude ne veut pas identifier les jeunes Allemands exemplaires, mais les examine en les divisant en sept groupes d'après des critères économiques et sociaux.
D'après l'étude, la plupart des jeunes Allemands ne veulent plus se différencier de leurs parents. Ils acceptent les valeurs sociales telles que la liberté, les idées éclairées et la tolérance, car elles leur garantissent une «bonne vie». Ils ne se distinguent guère les uns des autres, sont prêts à s'adapter et aiment la sécurité et le soutien des autres. Ils acceptent les normes de la performance, la ponctualité et la discipline. Les jeunes musulmans ne sont guère différents, ils se distancient du fanatisme religieux et sont aussi pour la tolérance et la diversité.
Thomas

L'article:
Comment est la jeunesse allemande actuelle?
L'étude de Sinus, une étude sérieuse et effectuée par des institutions publiques et religieuses depuis 35 ans, a examiné la jeunesse allemande actuelle. Elle ne veut pas identifier les jeunes Allemands exemplaires,, mais les examine en les divisant en sept groupes d'après des critères économiques et sociaux.
D'après l'étude, la plupart des jeunes Allemands ne veulent plus se différencier de leurs parents. Ils acceptent les valeurs sociales telles que la liberté, des idées éclairées, la tolérance, car elles leur garantissent une «bonne vie». Ils ne se distinguent guère les uns des autres, sont prêts à s'adapter et aiment la sécurité et le soutien des autres. Ils acceptent les normes de la performance, la ponctualité et la discipline. Les jeunes musulmans ne sont guère différents, ils se distancient du fanatisme religieux et sont aussi pour la tolérance et la diversité.
Écrivez-moi votre avis sur les résultats de cette étude. La jeunesse française est-elle différente actuellement?
Thomas B.

B Anwendungsteil

1 Nomophobie - Addiction au téléphone portable
Étape 1 : Complétez la grille avec les informations du texte.

Les chiffres	La nomophobie	Les risques	Le traitement
• 66 % des personnes ressentent une réelle souffrance lorsqu'elles sont séparées de leur téléphone portable • 53 % des utilisateurs de téléphones mobiles présentaient des symptômes d'anxiété en cas de perte, de mauvaise couverture réseau ou de batterie faible	• La nomophobie (no mobile phobia) = phobie de ne pas avoir son téléphone portable à portée de main • une véritable névrose • utilisation incessante (dans la rue, les magasins, les transports, pendant les courses, chez le médecin) • regarder son portable sans arrêt • le besoin d'avoir son portable près de soi en permanence, dans les mains, proche de son lit • portable = extension de leur corps • portable = « doudou » • une urgence d'être joignable tout le temps	• un repli sur soi • Dans des cas extrêmes elle mène à une forme d`autisme. • une rupture avec l'extérieur • une perte de convivialité • La nomophobie peut se traduire par des crises de panique, l'apparition d'une sensation d'étouffer, d'être en sueur et d'avoir une accélération de sa fréquence cardiaque.	• Il faut apprendre progressivement à moins utiliser son portable en essayant p. ex. de le fermer plusieurs fois par jour pendant 15 minutes au début puis en augmentant ce temps pour arriver à des périodes de 1 heure. • réussir à ne plus regarder son téléphone en présence d'autres personnes • consulter un psychologue dans des cas extrêmes

Étape 2 : Choisissez les informations les plus importantes et résumez-les en allemand.

Zahlen	Nomophobie	Risiken	Behandlung
• 66 % der Befragten leiden, wenn sie von ihrem Handy getrennt sind • 53 % der Nutzer zeigen Angstsymptome bei Verlust des Handys, schlechtem Empfang oder bei schwachem Akku	• Nomophobie (no mobile phobia) kommt aus dem Englischen = die Angst, sein Handy nicht in Reichweite zu haben • eine Neurose • ständige Benutzung (auf der Straße, in Geschäften, in den öffentlichen Verkehrsmitteln, während des Einkaufs, beim Arzt) • ständig auf sein Handy schauen • die Notwendigkeit, sein Handy immer in der Nähe bzw. in den Händen zu haben, in der Nähe des Bettes • Handy = Erweiterung des eigenen Körpers • portable = „Kuscheltier" • Dringlichkeit immer erreichbar zu sein	• Rückzug • führt in Extremfällen zu Formen von Autismus • Bruch mit der Außenwelt • Verlust von sozialem Zusammenleben • Nomophobie kann zu Panikattacken, Luftnot, Angstschweiß, Erhöhung der Herzfrequenz führen.	• Man sollte nach und nach lernen, das Handy weniger zu benutzen, zunächst für 15 Minuten, schließlich für eine Stunde • nicht mehr in Gegenwart von anderen Personen auf das Handy schauen • in Extremfällen einen Psychologen konsultieren

Étape 3 :
Qui est le destinataire ?
Mon/ma copain/copine allemand(e)
Quel format de texte attend-on ? Un dialogue

Étape 4 :
Anne: Hallo Mia! Du, ich muss mit dir sprechen. Ich mache mir große Sorgen um dich, weil du ständig nur noch an deinem Handy hängst. Wir haben heute einen Artikel in Französisch gelesen, über den ich dir gerne erzählen möchte.

Mia: Anne, was soll das? Du brauchst dir keine Sorgen um mich zu machen. Es mag schon sein, dass ich viel an meinem Handy hänge, aber das ist doch heutzutage normal, oder nicht?

Anne: Darf ich dir trotzdem von dem Artikel berichten? Ich fand ihn höchst interessant und mir war gar nicht bewusst, was diese Handysucht, die viele Jugendliche heutzutage haben, auslösen kann.

Mia: Dann schieß mal los.

Anne: Bei dem Artikel handelt es sich um einen Artikel, der unter http://sante-medecine.journaldesfemmes.com/faq/37881-nomophobie-addiction-au-telephone-portable erschienen ist. Er handelt von der Krankheit „Nomophobie", Zahlen einer Studie zur Handysucht und auch damit verbundenen Risiken. Nomophobie kommt aus dem Englischen und steht für „no mobile phone phobia".

Mia: Was für ein Quatsch! Und was soll das für eine Krankheit sein?

Anne: Menschen, die unter dieser Krankheit leiden, können es nicht ertragen, wenn ihr Handy außer Reichweite, der Empfang schlecht oder das Akku nahezu leer ist, und das betrifft 53 % der Befragten. Sie kann Panikattacken, Luftnot, Angstschweiß, Erhöhung der Herzfrequenz hervorrufen. Die Menschen mit dieser Krankheit ziehen sich sehr zurück und brechen mit der Außenwelt. In Extremfällen führt das sogar zu Formen von Autismus. Menschen sind so süchtig nach ihren Handys, dass sie diese sogar in die Nähe des Betts legen, wie ein Kuscheltier eben. Laut einer Umfrage leiden 66 % der Befragten unter einer Form dieser Nomophobie.

Mia: Aber durch das Handy wird die Kommunikation mit anderen doch erleichtert und somit können doch gestörte soziale Verhältnisse keine Konsequenz daraus sein.

Anne: Oh doch. Ich gebe dir zwar Recht, dass die Kommunikation auf den ersten Blick zwar erleichtert wird, auf den zweiten Blick jedoch bemerkt man, dass die Konversation sehr oberflächlich ist. Das liegt auch etwas daran, dass sich die Funktion des Handys geändert hat. Heutzutage tätigt man nicht nur Anrufe, um sich zu verabreden, sondern versucht man sich auch damit abzulenken oder einfach so zu schreiben. Das Handy ist überall präsent: beim Einkaufen, in den öffentlichen Verkehrsmitteln, auf der Straße, manchmal sogar beim Arzt!

Mia: Wenn ich mir das recht überlege, finde ich mich etwas wieder. Ich kann mir ein Leben ohne Handy nicht vorstellen, mein Handy liegt nachts auf meinem Nachttisch neben mir und ich schaue an einigen Tagen oft auf das Handy. Mir war nicht bewusst, dass das eine Sucht ist. Ich werde mich bemühen, mich weniger auf mein Handy als auf die wahre Kommunikation zu konzentrieren.

Anne: Ja, du kannst ja damit anfangen, nicht mehr auf das Handy zu schauen, wenn du mit Freunden unterwegs bist. Zwischendurch würde ich auch probieren, nach und nach für eine gewisse Dauer einfach das Handy zu ignorieren.

Mia: Vielen Dank für die Tipps.

2 Panne im Atomkraftwerk Fessenheim

Tâche A:

Chère amie,

L'incident survenu à la centrale nucléaire de Fessenheim près de chez toi était plus dangereux ce qu'on a entendu dire généralement. Les commentaires dans les journaux allemands sont assez négatifs. La « Süddeutsche Zeitung » et le WDR relatent qu'une fuite d'eau a pénétré dans un des réacteurs, a provoqué une inondation, ce qui a causé une suite de failles, de mauvaises réactions et du chaos. L'Autorité de sûreté nucléaire (ASN) a nié le danger et le fait qu'on provoquait l'extinction d'un des réacteurs en introduisant du bore dans le circuit de refroidissement l'on a fait éteindre un des réacteurs, mais ceci ne s'est pas produit sans problèmes. Les partisans anti-nucléaires tant en Allemagne qu'en France et réclament la fermeture de la centrale. Ils doutent que la fermeture annoncée par le président Hollande se réalise jusqu'en mai 2017.

J'espère t'avoir donné toutes les informations utiles. Amitiés, Anne

Tâche B:

Freie Schülerbeiträge

3 Fack ju Göhte

As-tu résumé les informations les plus importantes?

Fuck you Goethe – « Goethe peut aller se faire foutre »

- Pays d'origine: Allemagne
- Genre: Comédie
- Durée: 118 minutes
- Sortie: 2013, plus de 7 millions d'entrées, le film avec le plus grand succès

Le contenu

- Le braqueur de banque Zeki Müller vient de sortir de prison.
- En sortant il veut déterrer son magot le plus vite possible, mais en se rendant sur les lieux, il s'aperçoit que le gymnase de l'école Goethe a été construit au-dessus de sa cachette.
- Alors il se fait engager à l'école pour pouvoir enfin récupérer son magot.
- Zeki doit enseigner dans la classe 10b, réputée être la plus difficile du lycée.
- Il fait la connaissance de la stagiaire de l'école « Lisi » qui remarque son « petit secret »; mais Zeki a déjà conquis le cœur des élèves et de Lisi, même s'il emploie des méthodes expéditives et politiquement incorrectes.

As-tu trouvé les mots-clés et leurs équivalents en français?

- Kleinganove/Knast/Kohle
- Chaos-Klasse
- Aushilfslehrer/Referendarin
- fragwürdige Lernmethoden

As-tu tenu compte des connaissances dont disposent les jeunes Français sur le film?

- Leur as-tu expliqué le système scolaire allemand (Gesamtschule, 10. Klasse, ...)?

As-tu respecté la forme et les règles d'une présentation de film?

- L'agenda: présentation du film, petit résumé, avis personnel
- As-tu bien présenté le film ?
  - date de sortie
  - acteurs principaux

- personnages principaux
- As-tu fais un petit résumé sans parler de la fin du film ?
- As-tu donné ton avis personnel :
  - Pourquoi as-tu aimé ce film ?
  - Est-ce que tu le conseilles ?
- As-tu utilisé un style pas trop compliqué ?

4 Die Camargue
Tâche A :

- ein Naturschutzgebiet: une région où on protège la nature
- ein Sumpfgebiet: des régions marécageuses/qui sont partiellement couvertes par l'eau
- eine karge Pflanzenwelt: il n'y a pas beaucoup de plantes
- ein Wildpferd: un cheval sauvage/qui vit dans la nature
- eine Artenvielfalt: une diversité d'animaux/beaucoup d'animaux différents
- eine Saline: des salines/des monceaux de sel

Tâche B :
Coucou Alice,
C'est trop cool que tu aies gagné un voyage dans le sud de la France ! J'ai reçu ton article sur la Camargue et je peux bien sûr t'aider et répondre à tes questions : La Camargue se trouve dans le sud de la France. C'est une région de 16.000 hectares où on protège la nature. Elle présente des régions marécageuses/qui sont partiellement couvertes d'eau. Il n'y a pas beaucoup de plantes comme l'eau est très salée. C'est pourquoi il y a des salines/des monceaux de sel, p. ex. à Salin-de-Giraud, où on produit le Fleur de Sel, et aussi 100.000 tonnes de riz chaque année, ce qui couvre 20 % des besoins nationaux. Il y a aussi une diversité d'animaux comme les chevaux sauvages ou les flamants roses. En Camargue en plus on peut emprunter des chevaux et traverser la région sur leur dos. À part de cela, on peut bien sûr aller sur une des grandes plages ou aller en pèlerinage à Saintes-Maries-de-la-Mer où on trouve les reliques de Marie Salomé et Marie Jacobé mais aussi Sara qui est la patronne des Gitans/Roms. Là on peut visiter beaucoup de chapelles et l'ancien mur de la ville. Amicalement, Leonie

3 Testez vos compétences

1 Ziemlich beste Freunde
Freie Schülerantworten

2 Mein Körper war Matsch
Bonjour,
Je viens de lire un article dans le journal « Süddeutsche Zeitung » qui m'a fait penser à toi. Jean-Luc (le correspondant) m'a raconté que tu es tombé en ski l'année dernière et que ton genou ne guérit pas comme il le faudrait. Je sais que tu aimes beaucoup le ski et que tu faisais des compétitions en ski quand tu étais plus jeune, c'est pourquoi je veux te parler de cet article.
Gela Allman était une skieuse professionnelle à part parmi les sportifs de l'extrême – elle était l'une des meilleures dans le domaine du ski de pente raide ! Mais pendant une séance de photos, elle a eu un grave accident : Elle a glissée sur un coteau glacé et est tombée de plusieurs centaines de mètres. Elle a eu des blessures très graves, son corps était comme une grande « bouille ». Depuis son accident, elle mène un combat intérieur pour pouvoir retrouver son ancienne vie et 4 mois après cet accident, elle a escaladé une montagne de 1689 m avec l'aide de son petit copain! Mais le retour est très difficile : elle subit beaucoup d'opérations, doit rester au lit sans bouger – il y a des jours où elle est désespérée. Tu dois bien connaître ce sentiment ! Elle a la ferme intention de reprendre son ancienne vie. L'ambition et l'optimisme l'aident à persévérer. Maintenant elle veut inspirer les autres et redonner du courage aux personnes qui ont besoin d'aide, c'est pourquoi elle informe les gens de ses progrès sur les réseaux sociaux. Tu pourrais aller la suivre sur les réseaux sociaux ! Cela peut-être te donnera de l'espoir et du courage. J'espère que ton genou va bien guérir et tu pourras bientôt refaire du ski !
En espérant de vous revoir bientôt. Dis bonjour à Jean-Luc de ma part.
Au revoir !

3 Die Polizisten sind die Gauner, nicht wir
Salut Jamil,
Ça va? J'espère que tout va bien chez toi. Je viens de lire un article sur Internet sur les jeunes banlieusards de Saint-Denis et je suis tellement choquée que je ne sais pas vraiment quoi croire. L'article, paru sur le site Internet de Spiegel Online, affirme que les jeunes banlieusards de Saint-Denis ne sont pas traités de manière égale. D'abord, les habitants de la banlieue de Saint-Denis sont pour la plupart des immigrés et des gens avec à bas revenu. Le taux de chômage des jeunes est aussi élevé : un jeune sur trois (de 15 à 24 ans) est au chômage. Mehdi Bachir, un jeune banlieusard de 20 ans ne va plus à l'école depuis 5 ans. La raison est qu'en banlieue l'école est mal structurée. Mais même puisque les jeunes de Saint-Denis passent le bac, ils n'ont presque aucune chance de trouver un travail. Celui qui pose sa candidature et qui a une adresse à Saint-Denis est tout de suite rejeté. Si en plus il a un nom d'origine étrangère, c'est encore pire : un jeune homme d'origine algérienne qui a passé un bon diplôme universitaire ne trouve pas de travail. En plus, les médias condamnent les jeunes d'origine étrangère comme étant des voleurs et des casseurs. Ils faisent que – d'après un jeune banlieusard – la police fait ce qu'elle veut : elle insulte et bat les jeunes. La conséquence en est la frustration et les révoltes. Aujourd'hui, il y a de plus en plus de jeunes qui possèdent des armes qui – en cas d'utilisation – pourraient mener à des « guerres civiles ». Est-ce vrai ? Comme tu es Parisien d'origine algérienne, je suis curieuse de ta réponse. Bisou, Yasmine

4 Nunavik – Chez les Inuits du Grand Nord québécois
Freie Schüleräußerungen

5 Wir schaffen das
Freie Schüleräußerungen